AUTORES:

JOSÉ MARÍA CAÑIZARES MÁRQUEZ
CARMEN CARBONERO CELIS

COLECCIÓN OPOSICIONES MAGISTERIO: EDUCACIÓN FÍSICA

RECURSOS Y MATERIALES DIDÁCTICOS ESPECÍFICOS DEL ÁREA DE EDUCACIÓN FÍSICA:
CLASIFICACIÓN Y CARACTERÍSTICAS QUE HAN DE TENER EN FUNCIÓN DE LA ACTIVIDAD FÍSICA PARA LAS QUE SE HAN DE UTILIZAR. UTILIZACIÓN DE LOS RECURSOS DE LA COMUNIDAD.
(VOLUMEN 19)

WANCEULEN
EDITORIAL DEPORTIVA

COLECCIÓN OPOSICIONES MAGISTERIO: EDUCACIÓN FÍSICA

VOLUMEN 19.

RECURSOS Y MATERIALES DIDÁCTICOS ESPECÍFICOS DEL ÁREA DE EDUCACIÓN FÍSICA: CLASIFICACIÓN Y CARACTERÍSTICAS QUE HAN DE TENER EN FUNCIÓN DE LA ACTIVIDAD FÍSICA PARA LAS QUE SE HAN DE UTILIZAR. UTILIZACIÓN DE LOS RECURSOS DE LA COMUNIDAD.

AUTORES

José Mª Cañizares Márquez

- Catedrático de Educación Física
- Tutor del Módulo del Practicum del Master de Secundaria
- Especialista en preparación de opositores
- Autor de numerosas obras sobre Educación y Preparación Física

Carmen Carbonero Celis

- D. E. A. en Instituciones Educativas
- Licenciada en Pedagogía
- Maestra de Primaria y Secundaria en centros de Educación Compensatoria
- Didacta presencial del Módulo de Pedagogía General en el CAP
- Profesora de Pedagogía Terapéutica en Centro Educación Primaria

Título: RECURSOS Y MATERIALES DIDÁCTICOS ESPECÍFICOS DEL ÁREA DE EDUCACIÓN FÍSICA: CLASIFICACIÓN Y CARACTERÍSTICAS QUE HAN DE TENER EN FUNCIÓN DE LA ACTIVIDAD FÍSICA PARA LAS QUE SE HAN DE UTILIZAR. UTILIZACIÓN DE LOS RECURSOS DE LA COMUNIDAD.

Autores: José Mª Cañizares Márquez y Carmen Carbonero Celis
Editorial: WANCEULEN EDITORIAL DEPORTIVA, S.L.
C/ Cristo del Desamparo y Abandono, 56   41006 SEVILLA
Dirección web: www.wanceulen.com

I.S.B.N.: 978-84-9993-490-7

Dep. Legal:

© **Copyright:** WANCEULEN EDITORIAL DEPORTIVA, S.L.

Primera Edición: Año 2016

Impreso en España:

Reservados todos los derechos. Queda prohibido reproducir, almacenar en sistemas de recuperación de la información y transmitir parte alguna de esta publicación, cualquiera que sea el medio empleado (electrónico, mecánico, fotocopia, impresión, grabación, etc), sin el permiso de los titulares de los derechos de propiedad intelectual. Cualquier forma de reproducción, distribución, comunicación pública o transformación de esta obra solo puede ser realizada con la autorización de sus titulares, salvo excepción prevista por la ley. Diríjase a CEDRO (Centro Español de Derechos Reprográficos, www.cedro.org) si necesita fotocopiar o escanear algún fragmento de esta obra.

ÍNDICE

Presentación de la Colección.

Introducción

1. ASPECTOS COMUNES A TENER EN CUENTA EN EL EXAMEN ESCRITO.

    1.1. Criterios de corrección y evaluación que siguen los tribunales.
    1.2. Consejos sobre cómo estudiar los temas. Estrategias.
    1.3. Recomendaciones para la realización del examen escrito. Estrategias.
    1.4. Modelo estandarizado de presentación de examen escrito.
    1.5. Partes estándares a todos los temas.

2. RECURSOS Y MATERIALES DIDÁCTICOS ESPECÍFICOS DEL ÁREA DE EDUCACIÓN FÍSICA: CLASIFICACIÓN Y CARACTERÍSTICAS QUE HAN DE TENER EN FUNCIÓN DE LA ACTIVIDAD FÍSICA PARA LAS QUE SE HAN DE UTILIZAR. UTILIZACIÓN DE LOS RECURSOS DE LA COMUNIDAD.

COLECCIÓN OPOSICIONES DE MAGISTERIO.
ESPECIALIDAD DE EDUCACIÓN FÍSICA

PRESENTACIÓN DE LA COLECCIÓN

Los autores, con muchos años de experiencia en la preparación de oposiciones, hemos plasmado en esta Colección multitud de argumentos y detalles con la finalidad de que cada persona interesada en acceder a la función pública conozca minuciosamente todos los pormenores de la preparación.

La Colección está compuesta por una treintena de volúmenes, de los que veinticinco están dedicados a otros tantos capítulos del temario, y los cinco restantes a cómo hacer y exponer oralmente la programación didáctica y las UU. DD., así como a resolver el examen práctico escrito.

Los destinados a los temas llevan incorporados unos aspectos comunes previos sobre cómo hay que estudiarlos y consejos acerca de cómo realizar el ejercicio escrito.

Los aplicados al examen oral: defensa de la programación y exposición de las U.D.I., también llevan un capítulo referente a cómo es mejor hacer la expresión verbal, el mensaje expresivo, el esquema en la pizarra, etc.

Es decir, los autores no nos hemos ceñido a publicar un temario para las dos pruebas escritas (tema y casos prácticos) y las dos orales (programación y unidades). Hemos querido hacer partícipe de las técnicas que hemos seguido estos años y que tan buen resultado nos han dado, sobre todo a quienes sacaron plaza merced a su propio esfuerzo. No obstante, debemos destacar un aspecto capital: ratio del tribunal, es decir, ¿con cuántos opositores me tengo que "pelear" para conseguir la plaza?

Ya podemos ir perfectamente preparados, que si un tribunal tiene dos plazas para dar y hay diez opositores con un diez... la suerte de tener una décima más o menos en la fase de concurso nos dará o quitará la plaza.

Por otro lado, es conocido que desde hace año en España tenemos diecisiete "leyes de educación", es decir, una por autonomía, además de la que es común para todos y que, como las autonómicas, depende del partido político que gobierne en ese momento. No podemos obviar que la Educación y todo lo que le rodea -incluidos opositores- es un aspecto más de la política, si bien entendemos debería ser justo lo contrario. La formación de nuestros hijos no debe estar en función de unas siglas de unos partidos políticos, porque cuando uno consigue el poder, elimina por sistema lo hecho por el anterior, esté mejor o peor. Ejemplos, por desgracia, hay muchos desde la LOGSE/1990. Así pues, abogamos por un Pacto Educativo que incluya, lógicamente, a opositores y al Sistema de Acceso a la Docencia.

Esto trae consigo que, forzosamente, debamos basarnos en una línea de elementos legislativos. En nuestro caso, además de la nacional, nos remitimos a la de Andalucía. Por ello, las personas opositoras que nos lean deberán adecuar las citas legislativas autonómicas que hagamos a las de la comunidad/es donde acuda a presentarse a las oposiciones docentes.

Para cualquier información corta, los autores estamos a disposición de las personas lectoras en:

oposicionedfisica@gmail.com

INTRODUCCIÓN

Este volumen tiene dos partes claramente diferenciadas:

a) Por un lado tratamos diversos aspectos comunes a todos los temas escritos. Es decir, nos centramos en cómo hay que estudiarlos a partir de los propios criterios de valoración del examen que indica la Consejería de Educación de la Junta de Andalucía, y que suelen ser similares a los de otras autonomías. También incluimos los criterios de otras comunidades, pero no de todas porque se nos haría interminable.

Esta parte también incluye una serie de consejos acerca de cómo estudiar los temas, cuestión que no es baladí porque el opositor está muy limitado por el tiempo disponible para realizarlo.

Esto nos lleva a siguiente punto, el "perfil" de cada opositor, su capacidad grafomotriz muy a tener en cuenta para que en el tiempo dado seamos capaces de tratar el tema elegido con una estructura adecuada a los criterios de evaluación que el tribunal va a usar en la corrección.

Es muy corriente el comentario de "mientras más sepas, más nota sacas y más posibilidades de obtener plaza tienes". Esto trae consigo, en muchas ocasiones, que el opositor se encuentre con "montañas de papeles" sin estructurar, sin saber si un documento reitera lo de otro, sin dominar la capacidad de síntesis ante tanto volumen de definiciones, clasificaciones, teorías, opiniones, etc.

La realidad es muy distinta. El opositor debe llevar preparado al menos veinticuatro documentos (para tener el 100% de que le va a salir en el sorteo un tema estudiado concienzudamente), con la información muy exacta de lo que le da tiempo a escribir correctamente desde todos los puntos: científico, legislativo, autores, estructura del propio examen, sintaxis, ortografía, etc.

Muchas veces nos han preguntado por el conocimiento de los tribunales, si están al día, etc. Nuestra respuesta ha sido siempre la misma: "sabrán más o menos de cada uno de los veinticinco temas, lo leerán con más o menos detenimiento, pero seguro que lo que más saben es corregir escritos porque lo hacen a diario en sus aulas, de ahí que debamos prestar la máxima atención a estos aspectos formales". Para ello añadimos al final una hoja-tipo.

Completamos este primer capítulo con una tabla de planificación semanal que debemos hacer desde un principio para "obligarnos" y seguirla con disciplina espartana, si de verdad queremos tener éxito.

b) Por otro, el Tema 19 totalmente actualizado a fecha de hoy. La persona opositora debe, una vez conozca el volumen de contenidos que es capaz de escribir, hacer un resumen equitativo de cada punto y "cuadrarlo" a su capacidad grafomotriz. A partir de aquí, a estudiarlo... pero escribiéndolo ya que la nota nos la van a poner por lo que escribamos y cómo expresemos esos contenidos. Pero, si en la comunidad donde nos examinemos, el escrito hay que leerlo al tribunal, de nuevo lo haremos, cuanto antes mejor, para ensayar la lectura y que determinadas palabras no se nos "atraganten".

CRITERIOS DE CORRECCIÓN Y EVALUACIÓN QUE SIGUEN LOS TRIBUNALES

Consideramos imprescindible saber **previamente** cómo nos va a evaluar el Tribunal para realizar el examen con respecto a los ítem que va a tener en cuenta. Aportamos varios **modelos** que han transcendido y que, básicamente, se diferencian en la **formulación** de las consideraciones y en su valoración, no en el **fondo**.

CRITERIOS DE EVALUACIÓN EN ANDALUCÍA.

La Consejería de Educación de la Junta de Andalucía informa a los sindicatos, en mayo de 2007, sobre un "borrador" de criterios de evaluación para el "Concurso Oposición al Cuerpo de Maestros 2007". Posteriormente, como pudimos comprobar esa convocatoria y las siguientes, estos criterios se hicieron "firmes".

Transcribimos literalmente los cinco puntos a considerar sobre el tema escrito:

CRITERIOS GENERALES TEMA ESCRITO

Estructura del tema.

a) Presenta un índice.
b) Justifica la importancia del tema.
c) Hace una introducción del mismo.
d) Expone sus repercusiones en el currículum y en el sistema educativo.
e) Elabora una conclusión acorde con el planteamiento del tema.

Contenidos específicos.

a) Adapta los contenidos al tema.
b) Secuencia de manera lógica y clara sus apartados.
c) Argumenta los contenidos.
d) Profundiza en los mismos.
e) Hace referencia al contexto escolar.

Expresión.

a) Muestra fluidez en la redacción.
b) Hace un uso correcto del lenguaje, con una buena construcción semántica.
c) Emplea de forma adecuada el lenguaje técnico.

Presentación.

a) Presenta el escrito con limpieza y claridad.
b) Utiliza un formato adecuado teniendo en cuenta el apartado 4 del artículo 7.4.1. de la Orden de 24 de marzo de 2007, BOJA nº 60 del 26/03/2007.
Nota: Se refiere a aspectos formales tales como no firmar el examen, entregarlo en un sobre con etiquetas, etc.

Bibliografía/Documentación.

a) Fundamenta los contenidos con autores o bibliografía.
b) Sitúa el tema en el marco legislativo pertinente.

La Consejería de Educación de la Junta de Andalucía informa a los sindicatos, en **junio de 2015**, sobre los criterios de evaluación para el "Concurso Oposición al Cuerpo de Maestros 2015". Transcribimos literalmente los cuatro puntos a considerar sobre el tema escrito:

**CRITERIOS GENERALES A TENER EN CUENTA
EN LA CORRECCIÓN DEL TEMA ESCRITO (JUNIO 2015).**

1. Estructura del tema.

    a) Secuencia de manera lógica y clara cada uno de los apartados del tema
    b) Expone con claridad

2. Contenidos.

    a) Argumenta y justifica científicamente los contenidos
    b) Conoce y tarta con profundidad el tema
    c) Realiza una transposición didáctica de la teoría expuesta a la práctica
    d) Fundamenta los contenidos con autores y bibliografía que realmente hagan referencia al contenido en cuestión, así como a la normativa vigente

3. Expresión.

    a) Redacta con fluidez
    b) Usa correctamente el lenguaje y presenta una adecuada construcción sintáctica
    c) Usa con propiedad el lenguaje técnico específico de la especialidad
    d) No se aprecian divagaciones, reiteraciones, etc.

4. Presentación.

    a) El ejercicio es legible: no hay que estar deduciendo qué quiere decir ni traduciendo el texto
    b) Se observa limpieza y claridad en el ejercicio
    c) Usa un formato adecuado

CRITERIOS GENERALES A TENER EN CUENTA EN LA CORRECCIÓN DEL TEMA ESCRITO
(Comunidad de Castilla-La Mancha)

Los criterios de evaluación del tema escrito (Comunidad de Castilla-La Mancha), que tuvieron los tribunales en cuenta en la convocatoria de 2007 y que fueron establecidos por la Comisión de Selección de la Especialidad de Educación Física, son:

CRITERIOS PARA EVALUAR EL TEMA ESCRITO. PARTE "A"	Puntuación
1.- Introducción, justificación, índice y mapa conceptual.	(MÁXIMO 1,5 puntos)
2.- Contenidos específicos	
2.1.- Trata todos los epígrafes del tema. 2.2.- Adecuación de los contenidos al tema. Los contenidos se ajustan al tema. 2.3.- Profundización de los mismos. 2.4.- Organización lógica y clara en cada punto. Atendiendo al índice. 2.5.- Argumentación de los contenidos. 2.6.- Referencia al contexto escolar. 2.7.- Relaciona con otros temas del currículum. 2.8.- Originalidad y creatividad en el tema.	(MÁXIMO 6,5 puntos)
3.- Bibliografía	
3.1.- Bibliografía específica del tema. Cita autores y hace referencias bibliográficas. 3.2.- Aspectos legislativos. Hace referencia a la legislación nacional y autonómica.	(MÁXIMO 0,75 puntos)
4.- Conclusión y valoración personal	(MÁXIMO 0,75 puntos)
5.- Aspectos formales. Presentación, estructura, organización, uso de vocabulario técnico.	(MÁXIMO 0,5 puntos)
6.- Errores	
a. Divagaciones b. Faltas de ortografía c. Errores garrafales	SE VALORARÁ NEGATIVAMENTE POR PARTE DEL TRIBUNAL
Total	10 Puntos.

OTROS CRITERIOS GENERALES A TENER EN CUENTA EN LA CORRECCIÓN DEL TEMA ESCRITO

Otros tribunales siguieron unos criterios de evaluación del examen escrito como los que ahora reflejamos:

		CRITERIOS PARA EVALUAR EL TEMA ESCRITO	
1		Introducción, índice y mapa conceptual	Máximo 1 punto
2		Nivel de contenidos	Máximo 5 puntos
	2.1.	Trata todos los epígrafes del tema	
	2.2.	Los contenidos se ajustan al temario	
	2.3.	Relaciona con otros temas del curriculum	
	2.4.	Hace referencia a la legislación nacional y autonómica	
	2.5.	Cita autores y/o referencias bibliográficas	
3		Aspectos formales: presentación, estructura, organización, vocabulario y ortografía	Máximo 3 puntos
4		Conclusión, valoración personal y bibliografía	Máximo 1 punto

Esta tabla tuvo su origen en la Convocatoria de Castilla La Mancha hace unos años. Sus criterios siguen vigentes.

Cuadro resumen de los Criterios de Evaluación	Temas A

1.- Contenidos específicos
   a. Adecuación de los contenidos al tema.
   b. Profundización de los mismos.
   c. Organización lógica y clara en cada punto (Índice).
   d. Argumentación de los contenidos.
   e. Referencia al contexto escolar.
   f. Originalidad y creatividad en el tema.
	2,75 puntos

2.- Introducción y conclusión
   a. Justificación de la importancia del tema.
   b. Repercusiones en nuestra área y en el Sistema Educativo.
   c. Buena introducción del tema.
   d. Conclusión.
	0,5 puntos

3.- Expresión
   a. Fluidez del discurso.
   b. Buena redacción, sin errores sintácticos, redundancias...
   c. Uso del lenguaje técnico.
	1 puntos

4.- Presentación
   a. Limpieza y claridad.
   b. Formato con variedad de recursos (gráficos, sangrías, diferenciación entre títulos, subtítulos, contenidos, esquema, etc.)
	0,5 puntos

5.- Bibliografía
   a. Bibliografía específica del tema.
   b. Aspectos legislativos.
	0,25 puntos

Penalizaciones
   a. Divagaciones
   b. Faltas de ortografía
   c. Errores garrafales
	A restar según criterio del propio tribunal

Totales	5 Ptos.

En **2013**, la Convocatoria de Primaria en **Castilla-La Mancha** incluían estos **criterios**:

PARTE 1B *DESARROLLO DE UN TEMA DE LA ESPECIALIDAD*	PESO ESPECÍFICO
1. Estructurar el tema de forma coherente, secuenciada, justificada y equitativa con todos los apartados.	25%
2. En relación a los contenidos desarrollados, responder al tema planteado, adaptándose al currículum, con aportaciones teórico-prácticas, siendo funcional para la práctica docente.	40%
3. Ser original y creativo en el desarrollo del tema, estableciendo conexiones con otros contenidos del currículum, con aportaciones personales fundamentadas que revelan la creación propia e inédita del mismo.	15%
4. El tema será afín a unas bases teóricas, a una fundamentación científica de la que parte el currículum, al tiempo que aporta ideas nuevas.	5%
5. Mostrar una lectura fluida y comprensible, con una actitud transmisora y un desarrollo expositivo que se ciñan al tema.	15%

En la Convocatoria de **Secundaria** de **Andalucía** de **2016**, los criterios o "indicadores" a tener en cuenta por los tribunales para el examen escrito, son:

INDICADORES

- ESTRUCTURA DEL TEMA:

- Índice (adecuado al título del tema y bien estructurado y secuenciado).
- Introducción (justificación e importancia del tema).
- Desarrollo de todos los apartados recogidos en el título e índice.
- Conclusión (síntesis, donde se relacionan todos los apartados del tema).
- Bibliografía (cita fuentes diversas, actualizadas y fidedignas).

- EXPRESIÓN Y PRESENTACIÓN:

- Fluidez en redacción, adecuada expresión escrita: ortografía y gramática.
- Riqueza y corrección léxica y gramatical (IDIOMAS).
- Limpieza y claridad.

- CONTENIDOS ESPECÍFICOS DEL TEMA:

- Nivel de profundización y actualización de los contenidos.
- Valoración o juicio crítico y fundamentado de los contenidos.
- Ilustra los contenidos con ejemplos, esquemas, gráficos...
- Secuencia lógica y ordenada.
- Uso correcto y actualizado del lenguaje técnico.

CONSEJOS SOBRE CÓMO ESTUDIAR LOS TEMAS. ESTRATEGIAS.

Exponemos una serie de consejos que solemos dar a nuestros opositores:

- Cada uno tiene un "método" que ha experimentado durante su vida de estudiante, sobre todo a nivel universitario, de ahí que nuestra influencia sea relativa. No obstante, muchos nos reconocen que *"nunca hemos estudiado en profundidad hasta comenzar a prepararnos las oposiciones"*.

- Reconocemos que hay **múltiples** formas de estudio. Hemos tenido opositores que necesitaban estar tumbados, otros sentados y en total silencio, otros tenían que tener forzosamente una tenue música de fondo, etc. Es decir, existen muchas maneras con más o menos **dependencia/independencia de campo**.

- Unos precisan **luz** natural, otros luz blanca o azul, con flexo cercano o con la de la lámpara del techo...

- Hay quien prefiere estudiar a base de **resúmenes** hechos en un procesador de textos y otros, en cambio, tenían que estar a mano.

- Muchos prefieren **grabar** verbalmente los contenidos para reproducirlos cuando viaja, corre, nada o anda y así aprovechar estos "tiempos muertos".

- Otros requieren **gráficos** y mapas conceptuales. Incluso, hemos tenido los que preferían hacer un póster-esquema y colgarlo a la pared para leerlo de pie...

- Otro grupo lo conforman aquellos que prefieren subrayar o señalar los puntos clave con rotulador marcador tipo fluorescente, otros a lápiz... Eso sí, lo señalado debe tener encadenamiento o cohesión interna para verterlo, ya redactado, en el examen, de ahí que **debamos estudiar escribiendo**, porque el examen escrito trata de ello.

- Debemos usar bolígrafos de gel por ser más rápidos en su trazo y papel tamaño A4, que es el que nos van a proporcionar el día del examen. Ojo a los tipos de **bolígrafos permitidos** por los tribunales, debemos estar muy atentos a lo que nos dicen el día de la **presentación**. Independientemente de ello, debemos acostumbrarnos a poner el folio directamente sobre la superficie dura de la mesa, ya que así la velocidad de escritura es superior que si lo situamos encima de otros folios porque éstos hacen que el espacio de apoyo nos frene por ser más blando. Un **reloj** para controlarnos los tiempos es imprescindible también.

- En cualquier caso, no sería bueno estudiar más de dos horas seguidas, sobre todo si estamos sentados. Ello, normalmente, acarrea contracturas dorso-lumbares, en los miembros inferiores, etc. con el consiguiente dolor y molestia. Lo mismo podemos decir a nivel de nuestra visión.

- Realizar **actividad física o deportiva** varias veces a la semana es muy aconsejable por simple razón de compensación y revitalización personal.

- Es bueno, pues, cada dos horas aproximadamente, hacer un **alto horario** de 8-10 minutos para despejarnos mentalmente y estirarnos físicamente. Beber **agua** y la ingesta de **fruta** suele ser positivo. Esto es extensible al día del examen de la oposición.

- No obstante, si la convocatoria nos dice que el escrito durará más de este tiempo, debemos paulatinamente aumentar las dos horas hasta llegar al **tope** marcado.

- Siempre recomendamos realizar una **planificación** semanal personalizada, que regule nuestro **tiempo** destinado al estudio (avance y repaso de los temas del escrito, casos prácticos, exposición oral), al trabajo, deporte, ocio, obligaciones familiares, etc. Ver tabla/ejemplo en la página siguiente.

- **¿Cuánto tiempo dedicar al estudio?** No podemos dar "recetas" pues depende del nivel previo de cada opositor. Hay quien trae excelentes aprendizajes previos de la carrera y hay quien ese nivel lo trae demasiado básico. Otros ya tienen experiencias en oposiciones, etc. Así pues cada uno debe auto regularse en función de sus capacidades y sus circunstancias personales. Genéricamente podemos indicar que, al menos, 4-6 horas/día divididas por un descanso de 10-15 minutos puede ser un estándar adecuado. A partir de ahí, personalizar en función del avance o no obtenido.

- Siempre debemos tener un "**molde personal**" en función de la capacidad grafomotriz, habida cuenta el **ahorro** de tiempo y energía que nos supone seguir esta estrategia.

- De cualquier forma, debemos respetar el dicho popular "*lo que no se recuerda, no se sabe*", de ahí **memorizar comprensivamente** lo más significativo.

- La **memoria**, al igual que ocurre con la condición física, se mejora ejercitándola con frecuencia.

- Tan importante es memorizar un tema nuevo como no olvidar los ya aprendidos, por lo que es necesario **consolidar**, repasando, lo estudiado. Comprobar que dominamos temas anteriores mejora nuestra capacidad de auto concepto.

- De ahí la importancia de estudiar teniendo delante nuestro **resumen personalizado** y olvidarnos de aumentar los contenidos del tema porque, además de crearnos inquietudes, posiblemente no podamos reflejar todo lo que sabemos en el tiempo que tenemos de examen.

Mostramos en el siguiente **gráfico** un claro y rápido ejemplo de cómo auto planificarse el estudio durante la semana a partir de tres **módulos** diarios:

EJEMPLO DE PLANIFICACIÓN SEMANAL-TIPO
Combinación de estudio-repaso-programación-UU.DD.-prácticos-trabajo profesional-descanso

LUNES	MARTES	MIÉRCOLES	JUEVES	VIERNES	SÁBADO	DOMINGO
MAÑANA	MAÑANA	MAÑANA	MAÑANA	MAÑANA	MAÑANA	MAÑANA
TRABAJO	Estudio tema nuevo semana	TRABAJO	Repaso tema nuevo	TRABAJO	Casos Prácticos	Libre
TRABAJO	Estudio tema nuevo semana	TRABAJO	Programación	TRABAJO	Casos Prácticos	Libre
TARDE	TARDE	TARDE	TARDE	TARDE	TARDE	TARDE
Estudio tema nuevo semana	Programación	Repaso temas anteriores	UU. DD.-U.D.I.	Sesión de clase con preparador	Repaso temas anteriores	Repaso temas anteriores

RECOMENDACIONES PARA LA REALIZACIÓN DEL EXAMEN ESCRITO. ESTRATEGIAS.

NOTA: Muchos de los consejos que ahora damos, sobre todo los relacionados con la presentación, escritura, etc. son también aplicables a la realización por escrito de los casos prácticos, si los hubiera.

En las convocatorias anteriores se ha comprobado que la mayoría de aprobados en el examen escrito tenían **buena letra**, además de contenidos notables. Efectivamente, entre los criterios de evaluación que utilizan los tribunales hay algunos puntos destinados a la **presentación** que no podemos desechar. Incluso, si la Orden de la Convocatoria indica que el opositor deberá **leer** su propio **examen** ante el tribunal, éste suele comprobar posteriormente su estructura, sintaxis, ortografía, etc.

No llegar a tiempo a los llamamientos supone la primera **precaución** a tomar. En ocasiones, las instalaciones donde se celebran las oposiciones se ven saturadas desde varios kilómetros antes de llegar. A ello hay que sumar el tiempo para aparcar, buscar el aula asignada, etc. **Llegar tarde** puede suponer la **no presentación** y la consiguiente **eliminación**.

Gracias a las observaciones hechas por los tribunales de años anteriores y por los criterios de evaluación que han transcendido, estamos en disposición de apuntar una serie de anotaciones a considerar por las personas opositoras durante su periodo de preparación con nosotros. Habitualmente los tribunales reservan parte de la nota total para los **aspectos "formales"** del examen, que ahora comentamos. Esto es de vital importancia porque dos opositores con igual cantidad y calidad de contenidos, sacará mejor nota quien mejor lo presente. Ante ello, reservar algunos minutos para poder **revisar** el examen antes de entregarlo, teniendo en cuenta lo siguiente:

- Nadie aprueba con **mala letra**. Igual decimos de la presentación y limpieza.
- Esto lo hacemos extensivo a las faltas de **ortografía**, acentuación, mala **sintaxis**, incorrecciones **semánticas**, **expresión** y **redacción**, **vulgarismos**, **repetir la misma palabra** continuadamente, **tachones**, suciedad, etc. No podemos "escribir igual que hablamos". También, no poner el número del tema elegido o su título. Otro error habitual es el mal uso de los puntos, bien seguido, bien aparte.
- Debemos escribir por **una carilla** -al menos que el tribunal indique otra cosa- con letra más bien grande para facilitar su lectura. No poner detalles como "no recuerdo..."; "creo que..."; "no me da tiempo..."; "me parece que es...".
- La **media** de **folios** (carillas o páginas) que suelen hacer nuestros preparados están entre **14 y 16**, con **17-22 renglones** cada una (20 lo habitual) y **9 palabras/renglón,** teniendo en consideración unos **márgenes laterales** y **superior e inferior** de 2 a 2'5 centímetros. No obstante, conforme avanza la preparación y la habilidad para escribir este tipo de examen, hay quien aumenta el volumen de páginas de manera significativa, pero siempre manteniendo y respetando los criterios de evaluación que suelen tener los tribunales: letra, limpieza, construcción semántica, ortografía, etc. Si preferimos escribirlo en un procesador de textos, como puede ser "Word", el número de palabras suele estar alrededor de las 2400-2700, aproximadamente.
- Los **renglones** deben ser **paralelos** y siempre con el mismo **interlineado**. En caso de tener problemas para hacerlo, podemos llevarnos una **plantilla** ya hecha, como una hoja tamaño folio de cuaderno de rayas, o bien hacerla allí

mismo con lápiz y regla. Si tampoco pudiese ser (a veces los tribunales han hecho especial hincapié en "no entrar con plantilla, regla, etc."), nos esmeraríamos en la realización de la primera página, aunque tardásemos más tiempo, y ésta nos serviría como "falsilla" o planilla de renglones. Otro "**truco**" es hacerla a partir del **DNI** al que previamente le hemos hecho unas señales minúsculas con la anchura que deseamos. Éste nos sustituiría a la regla.

- No se puede ser "loco o loca" escribiendo. Para ello es importante el **entrenamiento** durante el periodo de preparación. De ahí surge la **automatización** de todos estos aspectos, además del sangrado, márgenes, etc. No poner abreviaturas.
- Por otro lado debemos **numerar** las hojas, incluso algunos lo hacen poniendo "1 de 15; 2 de 15…".
- La utilización de **dos colores** de tinta **no** suele estar **permitido**, como tampoco subrayados para señalar los títulos, epígrafes, ideas fundamentales, etc., al menos que el tribunal exprese lo contrario. En todo caso, **preguntar** al tribunal antes de empezar si es posible su uso, así como de tippex. También si se pueden poner gráficos, flechas, tablas, etc., si el tribunal lo permite, pero la Orden de la Convocatoria suele prohibirlo por considerarlo posible "**señal**". Un **bolígrafo** tipo **gel** y apoyarnos sobre un **superficie dura** para que éste se deslice mejor, nos permite mayor velocidad de escritura manteniendo su calidad. Quienes suelen hacer tachaduras, previendo que no les dejen usar tippex, pueden optar por un **bolígrafo borrable por fricción** (marca Pilot o similar) que elimina cualquier rastro de su propia tinta. No obstante, determinados "bolígrafos rápidos" que se basan en tinta tipo gel, suelen ser peor para opositores **zurdos**, por razones obvias. Recordamos la necesidad de seguir exactamente las **instrucciones** que nos dé el tribunal al respecto, habida cuenta tenemos experiencias sobre la **anulación** de exámenes por el uso de este tipo de herramienta de escritura.
- No olvidemos que la mayoría de los títulos de los temas tienen tres puntos, por lo que debemos **dividir** la totalidad de materia que escribamos en tres partes similares. De esa forma, evitamos exponer mucho contenido de una parte en perjuicio de otra. Así pues, normalmente haremos tres puntos con varios sub-puntos cada uno buscando la conexión entre los mismos. Además, pondremos el **índice** al principio, tras el título, **introducción, conclusiones, bibliografía** - que incluye la legislación- y webgrafía. En **resumen**, queda muy bien, limpio y "amplio", la estructuración del examen de esta manera:

  - **Título** del Tema. 1ª página. Mayúsculas y en una única página.
  - **Índice**. 2ª página. En una sola página.
  - **Introducción**. 3ª y 4ª página. Debe tener cierta peculiaridad con objeto de atraer la curiosidad del corrector. Nombrar los descriptores del título y en cada uno dar una o dos referencias del mismo. Podemos "presentarlo" a través de su importancia en el currículo y citar sus referencias legislativas. Usar, preferentemente, dos páginas.
  - **Apartados o descriptores** y los sub-apartados. 5ª página. Es el eje alrededor del cual gira la nota relativa a los contenidos. Incluye definiciones, clasificaciones, teorías, líneas metodológicas, referencias curriculares, aplicaciones prácticas, actividades, etc., todo ello citando a autores y normativa que luego quedarán reflejados en la bibliografía, pero con una redacción técnica. En cualquier caso debemos marcar claramente cuándo finalizamos el primer punto y comenzamos el siguiente. Si somos "olvidadizos", podemos dejar un interlineado relativamente amplio por si nos acordamos después de algún detalle olvidado y deseamos incorporarlo sin tachones.

- **Conclusiones**. Lo más notable que hemos tratado, los puntos clave. Al ser lo último que el corrector lee, deben estar muy cuidadas porque puede influir decisivamente en la nota.
- **Bibliografía**. Reseñar algún libro "comodín" y de los autores nombrados anteriormente. También la legislación significada.
- **Webgrafía**. Alguna general, como revistas digitales, o específica.

En cualquier caso, es **imprescindible** conocer los **criterios de evaluación** que van a seguir los tribunales, máxime si son públicos, como viene ocurriendo en varias comunidades autónomas, y en Andalucía de forma más concreta, tal y como hemos citado en el capítulos anteriores. Debemos, pues, hacer caso de ellos y citar o desarrollar todos los **aspectos** que los criterios mencionan.

Precisamente, el tiempo no lo podemos "regalar" ni despreciar, por lo que si terminamos el examen y aún quedan cinco o diez minutos, debemos **repasar** lo escrito por si se nos ha olvidado algo relevante o no hemos puesto la debida atención a las faltas gramaticales, sesgos sexistas, escritura con "códigos SMS", etc. Así pues, debemos agotar el tiempo subsanando cualquier error.

Si la preparación ha sido buena, nada más hacerse el sorteo de los temas, debemos decidirnos por uno. Inmediatamente nos concentramos y empezamos a desarrollarlo, porque debemos ya tener "**automatizada**" su escritura. Si empezamos a dudar, comenzamos a perder el escaso tiempo que nos dan.

En caso de haber estudiado con "**esquemas**", lo mejor sería hacernos uno en sucio para usarlo como guía en la redacción del examen. Este folio nos sirve también para tomar notas, para ir estructurando el tema, etc. Pero, repetimos, la escritura del tema debemos tenerla automatizada porque si no perdemos el tiempo. Esta hoja la destruiríamos al terminar.

Si hemos preparado una introducción, conclusiones, bibliografía y webgrafía "estándar", podemos irlas escribiendo en el llamado "**tiempo perdido**" que suele haber desde que nos dan los folios hasta que sortean los números de los temas. Después podemos añadir los rasgos específicos del tema ya elegido.

Nuestros preparados suelen preguntarnos por la expresión a usar. Aconsejamos el "**plural mayestático**" (*nosotros, ahora vemos, podemos seguir, observamos*, etc.)

Otro aspecto importante es la **elección** del tema de entre los sorteados. Debemos hacer el que dominemos mejor, el que ya lo hayamos escrito muchas veces durante la preparación, el que nos garantice escribir más folios, en suma, el que nos dé más seguridad.

No olvidar llevarse **agua** y alguna pieza de **fruta**. Normalmente a finales de junio suele hacer mucho **calor** y la sensación de éste aumenta con la tensión del examen.

Ahora adjuntamos una **hoja con un resumen** de los **aspectos formales** del examen escrito del tema, aunque aplicable también a la redacción de los **casos prácticos**.

MODELO ESTÁNDAR DE PRESENTACIÓN PARA PRUEBA ESCRITA

2.- COORDINACIÓN Y EQUILIBRIO EN LA INICIACIÓN AL FÚTBOL ESCOLAR

2.1. CONCEPTUALIZACIONES PRELIMINARES.

Desde un primer momento es adecuado tener en cuenta que cualquier movimiento, por mínimo que sea, requiere coordinación y equilibrio adecuados. Por ejemplo, abrir y cerrar una mano conlleva que una serie de grupos musculares realicen (agonistas) la acción y que otros se relajen (antagonistas) para que aquéllos puedan actuar, así como que otros grupos estabilicen (fijadores) los de la muñeca para que lo anterior pueda tener lugar (Téllez, 2014).

La coordinación nos permite hacer lo pensado, es decir, realizar la imagen mental que nos hemos hecho, el esquema motor. Está íntimamente ligada a las habilidades y destrezas básicas a través de su relación con la coordinación dinámico general y la coordinación óculo-segmentaria, respectivamente (Mateos y Garriga, 2015).

Precisamente, las edades porpias de la Primaria son las más críticas para el desarrollo de las capacidades coordinativas (Bugallal, 2011).

Si nos fijamos atentamente en un partido de fútbol podemos observar numerosas acciones diferentes y que, mal hechas, pueden producir lesiones, como dejinses:

a) Carreras
b) Saltos
c) Giros
d) Lanzamientos

Todos ellos con infinidad de VARIANTES. Para que todos esos gestos "salgan bien" ~~havrá~~ habrá sido necesario un director que regule todos los mov. Esta es la función del sistema nervioso.

PARTES ESTÁNDARES A TODOS LOS TEMAS.

Muchas de las personas que preparamos tienen **problemas** por la falta de tiempo o de, simplemente, por ser poco capaces de aprender **introducciones, conclusiones, bibliografías, legislación y webgrafía** de cada uno de los temas.

Uno de los **remedios** para no "castigar" la memoria es confeccionarse unos "**estándares**" o "**comunes**" que den servicio a estos apartados.

Si a ello le unimos la racionalidad en la confección del Índice, a partir de los tres o cuatro apartados o descriptores del título del tema, hemos ahorrado un esfuerzo a nuestra memoria.

Así pues, vamos a dar una serie de **consejos** para que cada persona lectora los elabore de una forma sencilla pero eficaz unos textos usuales, si bien deberíamos a continuación podríamos **complementarlos** con unos **rasgos específicos** del tema que, prácticamente, nos vienen dado por el **título** del tema que nos escribirá el tribunal en la pizarra de la sala de examen. Por ejemplo, si la Introducción la hacemos en dos páginas, los aspectos comunes pueden suponer entre el 60-75 %, es decir, página y un tercio de la siguiente. Si la Conclusión la hacemos en una única, las tres cuartas partes podemos dedicarla a los textos estandarizados y el resto a los concretos del tema escrito.

INTRODUCCIONES COMUNES A TODOS LOS TEMAS

Cuando hemos hablado con los componentes de los tribunales, habitualmente nos indican que suelen fijarse en el "detalle" de si el opositor ha puesto desde el principio o no **referencias** a la **legislación actual**, debido a que suelen entender que cualquier tema debe redactarse **a partir** de las leyes educativas, decretos y órdenes que las desarrollan. Así pues, debemos hacer mención, **respetando su jerarquía**, de:

- Ley Orgánica 8/2013, de 9 de diciembre, para la mejora de la calidad educativa (LOMCE). B.O.E. nº 295, de 10/12/2013.
- Ley Orgánica 2/2006, de 3 de mayo, de Educación (LOE). B.O.E. nº 106 del 04/06/2006. (Modificada por la LOMCE/2013).
- Ley 17/2007, de 10 de diciembre, de Educación en Andalucía. B.O.J.A. nº 252, de 26/12/2007.
- M. E. C. (2014). *Real Decreto 126/2014, de 28 de febrero, por el que se establece el currículo básico de la Educación Primaria*. B. O. E. nº 52, de 01/03/2014.
- M.E.C. (2015). *Orden ECD/65/2015, de 21 de enero, por la que se describen las relaciones entre las competencias, los contenidos y los criterios de evaluación de la educación primaria, la educación secundaria obligatoria y el bachillerato*. B.O.E. nº 25, de 29/01/2015.
- JUNTA DE ANDALUCÍA (2015). *Decreto 97/2015, de 3 de marzo, por el que se establece la ordenación y el currículo de la educación Primaria en la comunidad Autónoma de Andalucía*. BOJA nº 50 de 13/013/2015.
- JUNTA DE ANDALUCÍA (2015). *Orden de 17 de marzo de 2015, por la que se desarrolla el currículo correspondiente a la educación Primaria en Andalucía*. BOJA nº 60 de 27/03/2015.

No obstante, entendemos que sería un buen detalle **citar** también a las **Competencias Clave**, habida cuenta su importancia a partir de la publicación de la LOE/2006, actualizada por la LOMCE/2013.

Igualmente podemos hacer mención a la legislación correspondiente a la evaluación o a la relacionada con la atención a la **diversidad**, pero tanto texto no nos cabe, de ahí la necesidad de **sintetizar** la información que consideremos más representativa.

Otra línea es plasmar alguna "**frase hecha**", como "*enseñar Educación física con éxito supone diseñar una programación coherente con el contexto, disponer de un amplio abanico de estrategias didácticas, generar un clima de clase que invite al aprendizaje, utilizar adecuadamente los recursos materiales y tecnológicos e integrar la evaluación en el proceso de aprendizaje*" (Blázquez y otros, 2010).

Otro ejemplo puede ser: "*Uno de los fines genéricos que persigue la Educación Física escolar es el de favorecer la ubicación personal del alumno/a en la sociedad, en una cultura corporal donde la escuela proporcione al alumnado los medios apropiados para su acceso y, en consecuencia, conseguir los beneficios que de ella pueden conseguir: desarrollo personal; equilibrio psicofísico; mejorar la salud; disfrutar del tiempo de ocio; etc., así como el desarrollo de la autonomía personal ante las influencias que imponen los nuevos mitos sociales*". "*El cuerpo y el movimiento como ejes básicos de nuestra acción educativa*"; "*el área de Educación Física se muestra sensible a los acelerados cambios que experimenta la sociedad…*"; "*la importancia de las relaciones interpersonales que se generan alrededor de la actividad física permiten incidir en la asunción de valores como el respeto, la aceptación, la cooperación…*", procedentes de legislaciones pasadas, pero de plena actualidad por la temática expresada.

Posteriormente, en la Introducción debemos hacer referencias a la materia que trata el tema elegido, lo que antes hemos referenciado como "rasgos específicos". Esto nos resulta fácil con un poco de práctica, simplemente comentando una o dos líneas a partir del título del tema que el tribunal detalla en la pizarra. No obstante, el sentido de lo que expresemos debe ir encaminado a lo que "vamos a tratar en el desarrollo del tema…"

CONCLUSIONES COMUNES A TODOS LOS TEMAS

Si en las introducciones se basan en lo que "vamos a estudiar en el tema…", con las Conclusiones ocurre al contrario: "a lo largo del tema hemos visto (escrito, estudiado, tratado, etc.) la importancia de…" Para ello podemos **actuar** como antes, es decir, un par de **párrafos comunes** a todas las temáticas. Por ejemplo, "la trascendencia del conocimiento del propio cuerpo, vivenciándolo y disfrutándolo, además de respetarlo". Otra posibilidad es incluir un párrafo basándonos en algunos ejemplos de estos textos **estandarizados**:

"*Todos los niños y niñas tienen el derecho a una educación de calidad que permita su desarrollo integro de sus posibilidades intelectuales, físicas, psicológicas, sociales y afectivas*" (Decreto 328/2010). "*Entendemos la etapa de primaria como fundamental para el desarrollo de las capacidades motrices del alumnado y donde el docente debe observar las deficiencias de éstos para corregirlas lo más rápidamente posible*".

En Andalucía, la O. 17/03/2015, indica que: "*la Educación Física es un área en la que se optimizan las capacidades y habilidades motrices sin olvidar el cuidado del cuerpo, salud y la utilización constructiva del ocio. En Educación física se producen relaciones de cooperación y colaboración, en las que el entorno puede ser estable o variable, para conseguir un objetivo o resolver una situación. La atención selectiva, la interpretación de las acciones de otras personas, la previsión y anticipación de las propias acciones teniendo en cuenta las estrategias colectivas, el respeto de las normas, la resolución de problemas, el trabajo en grupo, la necesidad de organizar y adaptar las respuestas a las variaciones del entorno, la posibilidad de conexión con otras áreas, el juego como herramienta primordial, la imaginación y creatividad".*

Posteriormente plasmamos algunos rasgos de lo más característico que hemos escrito durante la redacción del tema escogido. Realmente se trata de que destaquemos lo más trascendental de cada uno de los apartados de los descriptores del título, pero con información nueva, expresando que "a lo largo del tema hemos visto la importancia de..." o "hemos indicado en la redacción del tema los conceptos, clasificaciones, didáctica de...".

BIBLIOGRAFÍA COMÚN A TODOS LOS TEMAS

Hay quien diferencia **bibliografía** de **legislación**. Nosotros, al estar ambos documentos en formato papel, lo **unificamos**.

Evidentemente cada tema tiene una serie de volúmenes principales o monográficos de apoyo, pero también está muy claro que hay una serie de **libros generales de didáctica** que vienen muy bien tenerlos en cuenta para ponerlos en la mayoría de los temas. Son las publicaciones que habitualmente se manejan en las facultades de Magisterio. Los tribunales suelen valorar más ediciones de los **últimos años**, aunque siempre habrá libros "clásicos", sobre todo las **monografías** de conocidos autores y que son muy **específicas** de los **temas**. Por ejemplo, Delgado Noguera en temas relacionados con la metodología y organización; Blázquez con evaluación y con la iniciación deportiva; Rigal en motricidad, etc.

Algunos ejemplos de bibliografía **común**, es decir, libros que prácticamente en su totalidad tratan **todas** las **materias** de los veinticinco temas, son:

ADAME, Z. y GUTIÉRREZ DELGADO, M. (2009). *Educación Física y su Didáctica. Manual de Programación*. Fondo Editorial de la Fundación San Pablo Andalucía CEU. Sevilla.

ARRÁEZ, J. M.; LÓPEZ, J. M.; ORTIZ, Mª M. y TORRES, J. (1995). *Aspectos básicos de la Educación Física en Primaria. Manual para el Maestro*. Wanceulen. Sevilla.

BLÁZQUEZ, D.; CAPLLONCH, M.; GONZÁLEZ, C.; LLEIXÁ, T.; (2010). *Didáctica de la Educación Física. Formación del profesorado.* Graó. Barcelona.

CAÑIZARES, J. Mª y CARBONERO, C. (2009). *Currículum de Educación Física en Primaria para Andalucía.* Wanceulen. Sevilla.

CAÑIZARES, J. Mª y CARBONERO, C. (2009). *Currículum de Educación Física en Primaria.* Wanceulen. Sevilla.

CHINCHILLA, J. L. y ZAGALAZ, M. L. (2002). *Didáctica de la Educación Física.* CCS. Madrid.

CONTRERAS, O. R. y GARCÍA, L. M. (2011). *Didáctica de la Educación Física. Enseñanza de los contenidos desde el constructivismo.* Síntesis. Madrid.

CONTRERAS, O. y CUEVAS, R. (2011). *Las Competencias Básicas desde la Educación Física.* INDE, Barcelona.

FERNÁNDEZ GARCÍA, E. -coord.- (2002). *Didáctica de la Educación Física en la Educación Primaria.* Síntesis. Madrid.

FERNÁNDEZ GARCÍA, E. -coord.- CECCHINI, J. A. y ZAGALAZ, Mª L. (2002). *Didáctica de la educación física en la educación primaria.* Síntesis. Madrid.

GALERA, A. D. (2001). *Manual de didáctica de la educación física. Una perspectiva constructivista moderada.* Vol. I y II. Paidós. Barcelona.

GIL MORALES, P. (2001). *Metodología didáctica de las actividades físicas y deportivas.* Fundación Vipren. Cádiz.

SÁENZ-LÓPEZ, P. (2002). *La Educación Física y su Didáctica.* Wanceulen. Sevilla.

SÁNCHEZ BAÑUELOS, F. (1996) *Bases para una Didáctica de la Educación Física y los Deportes.* Gymnos. Madrid.

SÁNCHEZ BAÑUELOS, F. y FERNÁNDEZ, E. -coords.- (2003). *Didáctica de la Educación Física para Primaria.* Prentice Hall.

SÁNCHEZ GARRIDO, D. y CÓRDOBA, E. (2010). *Manual docente para la autoformación en competencias básicas.* C.E.J.A. Málaga.

VICIANA, J. (2002). *Planificar en Educación Física.* INDE. Barcelona.

VILLADA, P. y VIZUETE, M. (2002). *Los Fundamentos teóricos-didácticos de la Educación Física.* Secretaría General Técnica del M. E. C. D. Madrid.

VV. AA. (2008). *Colección de manuales de atención al alumnado con necesidades específicas de apoyo educativo.* (10 volúmenes). C. E. J. A. Sevilla.

ZAGALAZ, Mª L.; CACHÓN, J.; LARA, A. (2014). *Fundamentos de la programación de Educación Física en Primaria.* Síntesis. Madrid.

Esta relación, o parte de ella, no debe aparecer en exclusiva. Antes que nada debemos recordar que es muy conveniente **reseñar autores y año** de publicación **durante** la **redacción** de los diversos apartados o descriptores. Esto, obviamente, nos obliga a incluirlos en la bibliografía "específica" de cada tema. Por ejemplo, en los temas relacionados con la psicomotricidad (7 – 9 – 10 – 11) recomendamos citar a:

RIGAL, R. (2006). *Educación motriz y educación psicomotriz en Preescolar y Primaria.* INDE. Barcelona.

SASSANO, M. (2015). *El cuerpo como origen del tiempo y del espacio. Enfoques desde la Psicomotricidad.* Miño y Dávila editores. Buenos Aires.

TAMARIT, A. (2016). *Desarrollo cognitivo y motor.* Síntesis. Madrid.

Hay una serie de **documentos legislativos** "obligatorios" porque, entre otras cosas, los hemos debido referir en el examen escrito. Además, debemos reseñar otros **específicos** de los temas. Por ejemplo, si tratamos la "evaluación", debemos anotar la

Orden de 4 de noviembre de 2015, por la que se establece la ordenación de la evaluación del proceso de aprendizaje del alumnado de educación Primaria en la Comunidad Autónoma de Andalucía.

La legislación general ya la hemos indicado en el apartado anterior sobre "Introducciones comunes", aunque referida a Andalucía. **Cada persona opositora debe adecuarla a la comunidad autónoma donde se presente.**

WEBGRAFÍA COMÚN A TODOS LOS TEMAS

Hoy día muchas de nuestras fuentes consultadas se encuentran en **Internet**, de ahí que debamos señalar algunas **webs fiables**. Nos inclinamos por revistas electrónicas de prestigio en la didáctica general y en la educación física en particular, así como a los portales de las propias **consejerías** de educación de la comunidades autónomas. Todas ofrecen recursos didácticos, experiencias... y legislación aplicada.

Algunos ejemplos, son:

http://www.agrega2.es
http://recursos.cnice.mec.es/edfisica/
http://www.ite.educacion.es/es/recursos
http://www.educarm.es/admin/recursosEducativos#nogo
www.juntadeandalucia.es/educacion/descargasrecursos/curriculo-primaria/index.html
http://www.gobiernodecanarias.org/educacion/webdgoie/
http://www.educarex.es/web/guest/apoyo-a-la-docencia
http://www.catedu.es/webcatedu/index.php/recursosdidacticos
http://www.adideandalucia.es

TEMA 19

RECURSOS Y MATERIALES DIDÁCTICOS ESPECÍFICOS DEL ÁREA DE EDUCACIÓN FÍSICA: CLASIFICACIÓN Y CARACTERÍSTICAS QUE HAN DE TENER EN FUNCIÓN DE LA ACTIVIDAD FÍSICA PARA LAS QUE SE HAN DE UTILIZAR. UTILIZACIÓN DE LOS RECURSOS DE LA COMUNIDAD.

ÍNDICE

INTRODUCCIÓN

1. RECURSOS Y MATERIALES DIDÁCTICOS ESPECÍFICOS DEL ÁREA DE EDUCACIÓN FÍSICA: CLASIFICACIÓN Y CARACTERÍSTICAS QUE HAN DE TENER EN FUNCIÓN DE LA ACTIVIDAD FÍSICA PARA LAS QUE SE HAN DE UTILIZAR.

    1.1. Breve historia de los recursos materiales.

    1.2. Clasificación.

    1.3. Características que han de tener en función de las actividades físicas para las que se han de utilizar.

2. UTILIZACIÓN DE LOS RECURSOS DE LA COMUNIDAD.

CONCLUSIONES

BIBLIOGRAFÍA

WEBGRAFÍA

INTRODUCCIÓN

La metodología constituye el conjunto de criterios y decisiones que organizan, de forma global, la acción didáctica en el aula: papel que juegan alumnado y profesorado, utilización de **medios** y **recursos**, tipos de actividades, organización de los tiempos y espacios, agrupamientos, secuenciación y tipo de tareas, etc. Su concreción en un **ambiente de aula** tiene como objetivo más general facilitar el desarrollo de los procesos de enseñanza-aprendizaje expresados en las intenciones educativas.

Los **medios** didácticos que se pongan al servicio para la consecución de las **intenciones** educativas, pueden ser otro de los factores claves para configurar un planteamiento metodológico eficaz y moderno. La diversificación en la utilización de medios, más acorde con el progreso tecnológico de la sociedad en que vivimos, no debe quedarse fuera de la escuela. Debe aprovechar las variadas y atractivas posibilidades que los medios didácticos nos ofrecen para favorecer, enriquecer y motivar el desarrollo de aprendizajes en distintas áreas y ámbitos de conocimiento y, también, debe convertirse en un espacio idóneo para realizar un análisis y valoración crítica de los mismos medios, mediante su gestión y uso por parte de alumnos y docentes en el transcurso de la acción didáctica.

Esta diversidad de recursos debe adaptarse a las intenciones que persigamos, -fruto de una reflexión acerca del tipo de información que suministra el medio-, al grado de actividad que concede al participante, su contenido más o menos cerrado, la posibilidad de uso y gestión por parte de los alumnos..., y el tipo de tarea, actividad o función para la que se le requiera. Son los **medios** quienes han de estar al servicio del proyecto educativo personal que desarrollemos y no al revés.

La seguridad en el uso de los recursos debe ser prioritaria para nosotros. Roldán (2002), coordina la publicación "**Manual de seguridad en los centros educativos**", editada por la C.E.J.A. Indica una serie de pautas a seguir tendente a la protección en las instalaciones escolares.

Por otro lado, estamos ya inmersos en un mundo donde el continuo contacto con la Tecnologías de la Información y Comunicación se ha convertido en una constante cada vez más importante, lo que implica nuevos recursos a la disposición de la comunidad educativa, como el programa de gestión "Séneca" o el programa de comunicación con las familias, como es el programa PASEN.

Nuestra región ofrece multitud de posibilidades didácticas tanto en su entorno próximo como lejano que no debemos desaprovechar.

1. RECURSOS Y MATERIALES DIDÁCTICOS ESPECÍFICOS DEL ÁREA DE EDUCACIÓN FÍSICA: CLASIFICACIÓN Y CARACTERÍSTICAS QUE HAN DE TENER EN FUNCIÓN DE LA ACTIVIDAD FÍSICA PARA LAS QUE SE HAN DE UTILIZAR.

Está aceptado que los recursos didácticos son todos los **elementos** que median para lograr los **objetivos** de aprendizaje propuestos en un plan de enseñanza. Por tanto, el concepto de recurso es sumamente extenso y muy abierto a nuevas propuestas, sobre todo las de tipo **multimedia**. Esto se debe a que continuamente crece el número de estímulos del entorno socio-cultural y de aportaciones de la técnica. Dentro de la extensión del concepto cabe también el de "*material didáctico*" (Gil, 2007).

Sicilia y Delgado (2002), definen el término recurso como "el artificio que se utiliza de forma puntual en la enseñanza para facilitar el cumplimiento de los objetivos, adaptándose a las circunstancias, edad, etc.". Así pues, nos facilitan el desarrollo del currículum, sobre todo por su potencial de estimulación y motivación. No obstante, entendemos, estos autores se centran en los puramente materiales.

Podemos afirmar que los recursos didácticos son todos aquellos **medios** empleados por el docente para enseñar, apoyar, complementar, acompañar o evaluar el proceso educativo que dirige u orienta. Si bien en cualquier área son abundantes en cuanto a sus posibilidades, en Educación Física las posibilidades son amplísimas y con una significativa variedad: **espacios** de enseñanza: patio, S.U.M., medio natural, etc.; **personas** a las que recurrimos: monitor de natación, de patinaje sobre hielo, de esquí, nutricionista, etc.; instrumentos **materiales**: pelotas, cuadernos, colchonetas, PDI, aros, picas, y así hasta casi el infinito ya que la industria crea cada año nuevas posibilidades. Por ejemplo, programas multimedia interactivos o pista de patinaje sobre hielo "sintético", por poner dos ejemplos recientes.

La importancia no está en la cantidad y variedad de los recursos (tamaños, formas, etc.), sino en el grado de noción que tengamos los docentes de ellos. En cualquier caso, todos los recursos nos **condicionan** la realización de las actividades. Ello nos lleva a **buscar nuevas formas** para enriquecer nuestra acción didáctica (Zagalaz, Cachón y Lara, 2014).

Debemos destacar una serie de **aspectos** en cuanto a espacios y materiales. Por ejemplo:

- Ausencia de peligros y potenciar hábitos de cuidado, mantenimiento y limpieza.
- Multifuncionales y sin sofisticación.
- Adaptable al alumnado y a su número, que integren y no sean sexistas.
- Huir de ambientes contaminados, adecuándose la práctica al entorno y aprovechar las posibilidades que ofrecen los espacios exteriores.

A principios de curso, maestras y maestros deberemos revisar los materiales existentes elaborando un inventario y, en cualquier caso, la familia debe "recibir información sobre los materiales y libros de texto adoptados por el centro" (D. 328/2010).

1.1. BREVE HISTORIA DE LOS RECURSOS MATERIALES.

Históricamente, los materiales han sido una constante en todos los ejercicios físicos desde que el ser humano los practica, tanto como elementos de utilidad como en juegos y recreaciones.

Para este punto nos basamos en Zapico (1993) y Fernández Truán (1997).

ASPECTOS HISTÓRICOS	
PRIMERAS CULTURAS	ÚLTIMOS SIGLOS
EGIPTO. Esgrima con bastones, pelotas, juegos con aros, sticks, tiro con arco, etc.	M. TRADICIONALES. Los inventados y usados por las escuelas sueca, francesa, alemana: banco, pórtico, cuerdas, etc.
GRECIA. Caballitos de madera, barras de lanzamiento, bolas de barro, aros, columpios, zancos y diábolos. Los propios de las olimpiadas.	M. ALTERNATIVOS. A partir de 1980. Móviles novedosos, motivadores y multi funcionales: frisbee, floorball, pelotas auto hinchables, etc.
ROMA. Pelota (pila)	M. MULTIMEDIA. A finales siglo XX. Los PC, sus periféricos, programas, plataformas, "wikis", etc.

- **Primeras Culturas.**

    o **Egipto**. Dispusieron de muchos recursos materiales para el cultivo del cuerpo. Por ejemplo, esgrima con bastones. También pequeñas pelotas y varitas eran usuales, como lo demuestran las pinturas de la tumba de Beni Hassan. El tiro de cuerda, los juegos con aros, sticks, (especie de hockey), el tiro con arco, etc. nos muestran todo un repertorio de materiales que nos hablan de la importancia que la Educación Física tenía para este pueblo.

    o **Grecia**. Entre otros móviles aplicables a la gimnasia infantil destacamos a caballitos de madera, sacos, barras de lanzamiento, bolas de barro, aros, columpios, zancos y hasta diábolos. Ya en la adolescencia practicaban deportes parecidos al balonmano y hockey, así como juegos de carreras de relevos, lanzamientos de jabalina y disco, saltos, etc. y poco a poco se integraban en las prácticas olímpicas con todo su esplendor.

    o **Roma**. Le dieron un gran impulso a los juegos de pelota donde había gran variedad y tamaño, jugándose a la "pila" (balón grande y macizo), al "datatim lúdera", (golpes alternativos), "raptin lúdere", (luchar por la pelota), etc.

- **Últimos tiempos (siglos XIX, XX y XXI).**

    Destacamos tres periodos:

    o **Materiales tradicionales**. A lo largo del siglo XIX se consolidan de manera práctica la filosofía que sobre educación exponen tanto Rousseau como Kant. Aparecen con las "escuelas tradicionales" de Educación Física: sueca, francesa y alemana. En la **sueca** destacan materiales relativamente grandes y pesados (espalderas, bancos, cuadros suecos, etc.). En la **francesa** sobresale Amorós, que crea aparatos grandes como los pórticos y pequeños como los trapecios. (Fernández Truán, 1997). Estos recursos fueron los habituales en España hasta la década de los 80-90 del pasado siglo y sirvieron de soporte a la llamada "Gimnasia Educativa", de hecho entraban en las equipamientos habituales los gimnasios escolares. En la **alemana**, Bode incluye en sus trabajos a pelotas, tambores para el ritmo, bastón, etc. Medau añade a la obra de Bode más aparatos y regula alguno de los ya existentes. Por ejemplo, pelotas de goma, mazas y aros, que los retoma de épocas anteriores. Estos elementos tienen las características de ser individuales, portátiles y de pequeño tamaño, con lo cual hace un cambio en el concepto gimnástico que hasta entonces existía (Fernández Truán, 1997).

- o **Materiales Alternativos**. Su principal promotor fue el profesor Manuel Hernández Vázquez, del INEF de Madrid, a partir de la década de los 80 del pasado siglo. Agrupa a numerosos móviles novedosos que provocaron nuevos juegos de grupo, como el "ultimate", de procedencia norteamericana jugado con un frisbee; el "unihoc o floorball" de procedencia sueca jugado con sticks y bola de plástico; etc. Trajeron como consecuencia nuevas perspectivas a las clases infundiéndoles motivación, dinamismo, creatividad y originalidad (Hernández, 1994). Aunque hoy día se ven como algo "normal", en su momento supusieron un cambio radical en la didáctica de la educación física acostumbrada al formalismo y seriedad de la "gimnasia educativa", donde un alumno saltaba el potro mientras que los treinta compañeros restantes miraban. Se llamaron alternativos porque tradicionalmente no eran habituales en las clases, ni en el juego, ni como materiales de apoyo a los deportes tradicionales (Ortí, 2004). Hoy día están en continua evolución habida cuenta de las numerosas empresas que se dedican a diseñar y fabricar recursos, normalmente móviles, a partir de materias plásticas. En muchas ocasiones, dado el precio de los mismos y lo relativamente fácil que es su fabricación, el propio alumnado lo puede manufacturar, como las indíacas (Velázquez y Martínez, 2005). Otros ejemplos son los, conos, boomerang, pelotas auto hinchables, ciertas adaptaciones de materiales deportivos tales como bates, paracaídas, sogas gigantes, tamburello, pelotas lastradas que son capaces de botar, vallas de plástico en múltiples tamaños, etc. (Jardí y Rius, 2004).

- o **Materiales Multimedia**. Podemos afirmar que en los tres últimos quinquenios del S. XX surgieron con mucha fuerza los recursos propios de lo que se denominó "Nuevas Tecnologías (NN. TT.)". Empiezan a alcanzar su pleno desarrollo en el S. XXI aunque ya sin el apelativo de "nuevas", conociéndose como TIC (tecnologías de la información y comunicación): ordenadores y sus periféricos, pizarras digitales, las "tablets", además del hardware y software correspondiente, etc., aunque también son conocidos como TAC (tecnologías del aprendizaje y conocimiento) a partir de la LOMCE/2013.

1.2. CLASIFICACIÓN.

Basándonos en Zapico (1993), , Díaz (1996), VV. AA. (1993 a), VV. AA. (1993 b), VV. AA. (1996), Fernández (1997), Chinchilla y Moreno (2000), Sáenz-López (2002), Rivadeneyra (2003), Blández (2005) y Gil (2007), creamos cuatro grupos de recursos necesarios para la didáctica de la educación física: **Humanos**, **Espaciales**, **Materiales** y **Ambientales** (Cañizares y Carbonero (2007).

CLASIFICACIÓN DE LOS RECURSOS
HUMANOS. Las personas intervinientes: maestro, alumnos, monitor… Incluye los recursos personales: equipación, útiles de aseo, etc.
ESPACIALES. Los sitios donde enseñamos: propios como la SUM; ajenos como piscina municipal; cedido, como un pabellón; etc. En una sesión hay espacios total; de actividad; de tránsito; neutro.

MATERIALES. Con los que impartimos nuestra didáctica. Son:
• Convencional o tradicional: colchoneta, cuerdas, aros, etc.
• Alternativo, que se dividen en:
   o Comprado en tiendas o catálogos: frisbee
   o De desecho: cubiertas de scooters
   o De uso distinto al habitual: gomas o "pulpos"
   o Del entorno: barandas, bancos, gradas, etc.
• Según la habilidad a desarrollar: deben ser multifacético, como el cono
• De los objetivos planteados: prescindible o imprescindible
• De los objetivos para lo que han sido fabricados: exclusivos o no
• De su movilidad: muy movible, poco…
• De su volumen: poco (bola de tenis) o muy voluminoso (colchoneta de saltos)
• De su proceso de fabricación: comercial o hecho por alumnos (bolas malabares)
• Para atender al alumnado con n. e. a. e., como pelotas con cascabeles
• Impreso, audio visual, multimedia e informático: libro, cuaderno, P.C., etc.
   o Webquest
   o Wikis
   o Blogs
   o La caza del tesoro
   o Hot potatoes
   o Etc.

AMBIENTALES. Los elementos que conforman el propio centro con sus instalaciones y su entorno, el ambiente físico (tipo de suelo, luz adecuada, contaminación acústica y sonoridad, calidez, etc.). También engloba a las posibilidades que nos ofrecen los contextos de los escenarios naturales y los correspondientes a los socio-culturales: natural (parques) y entorno socio cultural: estadios, exposiciones, competiciones, etc.

- **Humanos**.

En el concepto genérico de recursos humanos, que hace referencia a las **personas** que intervienen implícita o explícitamente en el proceso didáctico, incluimos dos vertientes. Por un lado destacamos la participación del **alumnado**, sobre todo si utilizamos una metodología de búsqueda, donde el niño y la niña es el protagonista directo de su propio aprendizaje.

En el otro está el docente que, en algunas ocasiones, se auxilia de monitores (curso de natación o de esquí), de otros docentes (organización de actividades complementarias), de padres (cursillo de primeros auxilios) o de maestros en fase de prácticas, etc.

Obviamente en el Área de Educación Física las personas debemos disponer de unas equipaciones, calzados, etc. que algunos autores lo suman a los humanos y otros lo contemplan como un apartado clasificatorio más: "**recursos personales**". Aludimos a la equipación deportiva que todo docente debe llevar. También a la sudadera, zapatillas deportivas, mallas, bañador, útiles de aseo, etc. que no es responsabilidad del centro sino de cada individuo y debe ser aportado por él (Gil, 2007).

- **Espaciales**.

    Se trata de los sitios o emplazamientos disponibles y aquellos de los que, seguramente, podemos disponer. Debemos analizar sus condiciones en función del desarrollo del currículum.

    El término espacio incluye todo tipo de **lugares** donde llevamos a cabo el proceso de enseñanza-aprendizaje del alumnado, sea propiedad o no del centro. No olvidemos que la especificidad del Área exige un **aula diferente** y que cada contenido requiere un espacio que se **ajuste** a las condiciones de las tareas programadas. Por ejemplo, en una sesión de coordinación óculo segmentaria usando globos y terminándola con una práctica de relajación, requiere una sala amplia cubierta, con suelo tipo tatami o parquet.

    Los espacios que normalmente usamos son de dos tipos: **propios** y **ajenos**. Ambos pueden ser **cubiertos**, **descubiertos** o **mixtos**.

    - **Propios**. El centro educativo tiene unos espacios **privativos**. Por ejemplo, gimnasio cubierto, S. U. M., sala de danza, pistas deportivas, patio cubierto (porche), vestuarios, almacén de material, despacho o departamento, aula, etc. Hay otras zonas, en muchas ocasiones "desconocidas", a las que hay que descubrir y aprovechar.

    - **Ajenos**. Destacamos, a:
        - De **libre utilización**, como playa, parque natural, bosque, etc.
        - **De utilización por convenio a coste bajo o nulo**. En general son instalaciones dependientes de alguna administración pública (ayuntamientos, diputaciones, comunidades autónomas,...) o de alguna entidad privada sin ánimo de lucro que, mediante un convenio de cesión, de cuota de mantenimiento o de intercambio de servicios, pueda lograrse su acceso. Por ejemplo, pabellón deportivo, pistas polideportivas, piscinas, etc.
        - **De utilización mediante contratación a precios de mercado**. Se trata de instalaciones de propiedad privada. En este caso, además de calcular los costes, hemos de prever su financiación. Por ejemplo, piscinas, pistas de esquí, pistas de patinaje, entre otras.
        - Hay veces que se establece un acuerdo de **intercambio de usos** de instalaciones entre el centro y el ayuntamiento. Para ello hay que tener en cuenta la Orden de 03 agosto de 2010, *por la que se regulan los servicios complementarios de la enseñanza de aula matinal, comedor escolar y actividades extraescolares en los centros docentes públicos, así como la ampliación de horario.* BOJA núm. 158 de 12/08/2010, que derogó a la Orden de 26/06/1998.

    Independientemente de lo anterior y, refiriéndonos a los **espacios utilizados en la sesión**, podemos distinguir:

    - **Espacio total**. Comprende a todo el espacio donde se desarrolla la sesión. Por ejemplo, la pista de fútbol sala.
    - **Espacios de actividad**. Son las áreas donde se centran las tareas de la sesión. Por ejemplo, media cancha de Mini-Basket.

- o **Espacios de tránsito**. Son zonas de desplazamiento que se producen cuando alumnos y alumnas se dirigen de un ambiente a otro. Por ejemplo, los caminos entre el edificio y las pistas externas.
- o **Espacios neutros**. Son aquellos vacíos que quedan sin utilizar. Por ejemplo, muchas veces las esquinas del espacio de actividad apenas si se usan.

- **Materiales o didácticos específicos**.

Es todo aquel que, no estando construido de obra, ha sido añadido a una instalación para complementarla y equiparla para la práctica de actividad física (Galera, 1996). Aquí se incluyen los grandes aparatos o "equipamiento deportivo", como el cuadro sueco y el material convencional y no convencional que se puede utilizar para la práctica escolar y deportiva. Por ejemplo, desde colchonetas de seguridad para trabajos de equilibrio a las hojas de un periódico para hacer bolitas y practicar la coordinación óculo-manual.

El material es un medio más en toda tarea educativa. Permite, partiendo de la propia experiencia del niño y de su capacidad de manipulación de objetos, la educación de los sentidos, así como una serie de **relaciones perceptivas** y de **aprendizaje** que le lleva de forma progresiva al **descubrimiento** e interiorización de los conceptos. Para mejorar su desarrollo y aprendizaje, el alumnado ha de tener a su alcance los objetos indispensables que le permitan efectuar experiencias, puesto que "**manipular es aprender**" (Rivadeneyra, 2004).

En este sentido, la O. ECD/65/2015, indica que el uso del **portfolio**[1] aporta información sobre el aprendizaje, refuerza la evaluación continua y mejora el pensamiento crítico y reflexivo en el alumnado.

Históricamente son Decroly y Montessori los que, con sus métodos y materiales específicos, resaltan la importancia y oportunismo en su corriente educativa.

Los elementos móviles que empleamos sirven para motivar, establecer relaciones con los alumnos y alumnas, incidir en la elaboración de la situación, etc., Posibilitarán a niñas y niños **independizarse** de nuestra tutela continua y nos permitirán actuar indirectamente, **observando** sus decisiones y cómo las concretan.

Existen numerosas **clasificaciones**. Exponemos las más conocidas:

- o **Convencional**. Es el habitual o tradicional, el "de siempre" y que procedía de las escuelas gimnásticas europeas del S. XIX, como equipamiento de gimnasios, salas, etc., y puede ser utilizado en cualquier actividad física, ya sea de entrenamiento o de enseñanza. Por ejemplo, colchonetas, espalderas, bancos suecos, sogas de trepa, etc.
- o **Alternativo**. Son "*una serie de recursos novedosos que son una alternativa a los tradicionales en nuestras escuelas*" (Hernández Vázquez, 1994). Posteriormente se fueron incluyendo "añadidos". Por ejemplo el uso "alternativo" de los recursos tradicionales -como el plinto que siempre se utilizaba para saltar con o sin volteo, la alternativa era

---

[1] Un portfolio (o portafolio), es una recopilación de trabajos elaborados por el alumnado, que se relacionan de una manera directa o indirecta con actividades referidas a contenidos curriculares: fichas, láminas, pequeño material fabricado, como pompón, raqueta, etc.

desencajarlo y saltar o transportar los elementos que lo componen- (Jardí y Rius, 2004). Podemos **clasificar** el material alternativo para el ámbito de la actividad física general en cuatro grandes grupos:

- **Material procedente de desecho o en desuso.** No utilizable, por la razón que sea, para el fin que, originariamente, había sido fabricado, aunque sí para actividades físico-deportivas, por lo cual nosotros lo **reciclamos** para darle uso en nuestras sesiones. Tal es el caso de las cubiertas de scooter, los conos balizadores del tráfico o los envases de suavizante (Velázquez Callado, 1996).

- **Material al que se le da un uso distinto para el que originariamente fue fabricado.** Objetos fabricados para un objetivo, pero le damos otra finalidad. Por ejemplo, las gomas o "pulpos" que son fabricados para sujetar paquetes en coches y motos, se usan para fortalecimiento muscular. Escaleras, gradas, bancos de los parques, etc. que usamos para saltarlos son otros ejemplos.

- **Materiales existentes en el entorno.** El medio en el que nos encontramos suele presentar numerosos elementos aprovechables. Por ejemplo, escaleras para hacer multisaltos, los bancos del parque para hacer flexiones de brazos o las barandas que circundan a las canchas para hacer ejercicios de agilidad, flexibilidad o potencia.

- **Material comercial.** Se compra en establecimientos especializados en artículos escolares, aunque también por catálogos que las distribuidoras envían a las escuelas: bolsitas de granos, conos, zancos, losetas de sensaciones, etc. son algunos ejemplos.

o **Según el tipo de habilidad a desarrollar.** Normalmente usamos recursos polifacéticos. Por ejemplo, un cono sirve para saltar, transportarlo, para hacer puntería con una pelota, señalizar, etc. En cambio, otros sólo sirven para un único aprendizaje, por ejemplo las anillas o la barra de equilibrio.

o **De los objetivos planteados por el docente.** Se trata de saber si determinados recursos son o no indispensables para lograr un aprendizaje. Por ejemplo, las colchonetas son imprescindibles para realizar los volteos y equilibrios. Lo mismo ocurre con las canastas para aprender a encestar. No obstante, hay otros elementos que podemos prescindir de ellos, aunque son conveniente tenerlos para motivar, para apoyar el aprendizaje, etc. Por ejemplo, los conos señalizadores del tráfico en el caso del bote en zig-zag.

o **De los objetivos para los que se han construido los aparatos.** Hay recursos específicos, por ejemplo las barras paralelas de uso exclusivo en gimnasia artística, y otros inespecíficos, por ejemplo los bancos suecos que sirven para saltar, hacer cuadrupedias, transportarlos, etc.

o **De su movilidad.** Hay un material fijo que no podemos trasladarlo, por ejemplo las espalderas. En el otro extremo están los de tipo móvil, como pelotas y picas. También observamos a los semi-móviles, como los postes de voleibol.

- **Volumen**. Destacamos a los grandes y pesados, como las colchonetas "quitamiedos", y a los pequeños y ligeros como las pelotas.

- **Del proceso de fabricación**. Aunque lo normal es adquirirlo en los circuitos comerciales (en tiendas especializadas o a través de catálogos que envían a los centros), cada vez hay más tendencia a la fabricación de los recursos propios por parte del alumnado (Timón y Hormigo, 2010). Así trabajamos otras áreas, como plástica, mejorando la destreza manual y la creatividad. Muchos materiales "de casa" nos brindan la posibilidad de potenciar juegos y reutilizar el material sobrante (Gutiérrez Toca, 2010). Algunos ejemplos son los paracaídas gigantes hechos con sábanas viejas o plásticos de pintor, las "cestas" de cesta-punta fabricadas a partir de los botes de suavizante cortados, las bolas para malabares hechas con globos rellenos de mijo, los bolos fabricados a partir de botellas de refresco de dos litros convenientemente lastradas con arena, o los ladrillos de psicomotricidad elaborados con bloques de madera pintados de colores (Bernal, 2007). El alumnado trabaja en un proyecto que controla desde el principio, realiza aprendizajes significativos por sí mismo, le produce gran motivación por "fabricar" y crear algo útil para su juego, permite un trabajo cooperativo y avanzar a un ritmo individualizado... (Ponce y Gargallo, 2003)

- **Específicos para niñas y niños con N. E. E.** Nos referimos a los que debemos disponer en caso de tener algún alumno con discapacidad. Por ejemplo, pelotas con cascabeles, aros fluorescentes, cartulinas con indicaciones específicas, etc.

- **De apoyo impreso, audiovisual y multimedia o tecnológico**. Nos referimos a la documentación oficial (R.O.F., P.E., P. G., etc.), libros, cuadernos, fichas, transparencias, películas en diversos soportes, C. D. musicales, etc. así como todo el material de multimedia que nos llega continuamente, como los MP-4 para ver vídeos de iniciación deportiva, coreografías, etc. En muchos centros es habitual disponer de una página web que sirve de comunicación tanto al alumnado como al resto de la comunidad educativa. También debemos destacar lo expresado por el D. 97/2015, art. 5, f: "*la utilización adecuada de las herramientas tecnológicas de la sociedad del conocimiento*", es una de las **capacidades prioritarias** a adquirir durante la etapa.

Un recurso que a partir de enero de 2007 toma gran importancia en nuestras escuelas públicas son las **Bibliotecas**. Citamos al Acuerdo de 23/01/2007, del Consejo de Gobierno por el que se aprueba el **Plan** de Lecturas y Bibliotecas Escolares (**LYB**) en los Centros Educativos Públicos de Andalucía. En él se recoge que en estos espacios habrá desde el libro tradicional hasta textos informativos en formato audiovisual o multimedia, para la adquisición del hábito lector. En nuestra Área podemos incidir en la habilidad lectora a través de los innumerables textos existentes relacionados con los núcleos curriculares: juego, salud, deporte, relatos relacionados con los JJ. OO., etc. No olvidemos que la L.O.E. y la L.E.A. señalan a la **comprensión lectora** como una competencia básica fundamental, por lo que estamos obligados a trabajarla desde nuestra Área.

Posada (2000) señala la importancia que los medios multimedia están teniendo en los últimos años, sobre todo a nivel escolar. Con tal motivo reseña una serie de **Webs** especializadas en actividades en la naturaleza, asociaciones deportivas, facultades y departamentos de éstas, bibliotecas, centros de investigación, distribuidoras de materiales, así como un sinfín de instituciones públicas y privadas. Como herramientas muy útiles, Posada (2000), reseña a **Efos:** programa para la gestión de la evaluación; **Ludos:** programa para la confección de un catálogo de juegos; **Cronos:** calculadora que acepta marcas del alumno/a en una batería de test y que genera automáticamente el percentil. Todos estos recursos suponen una instrumento de última generación para los docentes y los alumnos (Sancho, 2006). Citamos a la Resolución de 10/04/2007, de la D. G. de Innovación Educativa y Formación del Profesorado, por la que se aprueban Proyectos de Investigación Educativa y se conceden subvenciones, B. O. J. A. nº 87 de 04/05/2007.

Por otro lado, es obligado citar los paquetes ofimáticos, como OpenOffice, presente en todos los centros de Andalucía.
Podemos recurrir a las **wiki**[2] y así facilitar los grupos de trabajo y que éste sea colaborativo y participativo.

"EDUSPORT". Es una plataforma del M. E. C. D. que pone a disposición del profesorado numerosos recursos, incluidos los prácticos en formato video digital. Propone el desarrollo pedagógico para el área de educación física de los contenidos básicos para la educación.

"Constructor". Es una herramienta para crear contenidos educativos digitales, que gestiona la C. de E. de la Junta de Extremadura. Incluye una base de datos con trabajos y experiencias realizadas.

"LIM". El sistema Lim es un entorno para la creación de materiales educativos, formado por un editor de actividades (EdiLim), un visualizador (LIM) y un archivo en formato XML (libro) que define las propiedades del libro y las páginas que lo componen.

Díaz (2005), expresa que la incorporación de las T.I.C (Tecnología de la Información y Comunicación) en la escuela es una exigencia social debido a la revolución tecnológica en la que estamos inmersos.

La utilización de las T.I.C.es un **recurso** más e **imprescindible** en el proceso de enseñanza y aprendizaje que se empieza a conocer como las **"nuevas didácticas"**. Muchos de los contenidos conceptuales pueden ser aprendidos y evaluados a través de la utilización didáctica de las T.I.C (Cabero y Román -coords.-, 2008).

En el caso de la evaluación de la Educación Física, las T.I.C son usadas para gestionar estadísticamente datos del alumnado, búsqueda de información, emisión de informes y opiniones, etc. (Cebrián -coord.-, 2009) Por ello es normal el uso de hojas de cálculo, procesadores de texto, y otros programas diseñados expresamente como apoyo a la

---

[2] Una wiki es un sitio web cuyas páginas pueden ser editadas por múltiples alumnos a través del navegador web. Permite crear, modificar o borrar un mismo texto que comparten.

evaluación del área, como el "Programa Séneca", regulado por el Decreto 285/2010, de 11 de mayo.

Hoy día tienen cada vez más importancia las llamadas "**redes sociales**", que las emplean de forma mayoritaria nuestro alumnado: "Tuenti"; "Facebook"; "Twiter", "Gmail"; "Messenger", "Yahoo", etc.

Dentro de este amplio conjunto mencionamos algunas posibilidades de uso de las T.I.C como **recurso educativo** para el aprendizaje como instrumento y medio de evaluación (Blázquez y otros, 2010).

- **Las Webquest**.- Son actividades búsqueda guiada de informaciones relativas a un tema o contenido que se encuentra en Internet y que los alumnos tienen que concretar y resolver con el soporte de un documento virtual previamente preparado por el maestro o maestra. Pueden tener también un carácter interdisciplinar. Su diseño es parecido a una unidad didáctica (Lerma, 2006). También debemos citar a las Mini Webquest.

- **Los Blogs** (abreviatura de Weblog).- Es un tipo de web con una serie de artículos ordenados cronológicamente desde el más reciente, situados al principio de la página, al más antiguo situado al final. Es una publicación virtual en la que se tratan temas personales o de interés general, actualizados periódicamente, en el que se pueden incluir enlaces y en el que pueden participar otros alumnos/as.

- **Los deberes Web**.- Sirven para poner trabajos a modo de actividades complementarias y que sirvan para evaluar determinados contenidos.

- **Las aulas virtuales**. Se usan en la modalidad de **educación a distancia**, constituyendo un nuevo entorno de aprendizaje al convertirse en un poderoso dispositivo de comunicación y de distribución de saberes que, además, ofrece un "espacio" para atender, orientar y evaluar a los participantes. El aula virtual está, disponible en Internet las 24 horas del día, ofrece los servicios y funcionalidades necesarias para el aprendizaje a distancia y responde a la necesidad de los docentes y alumnos de una comunicación directa y atención personalizada inmediata o diferida. No obstante, también se usa para "colgar" apuntes, trabajos, etc. del **aula tradicional**.

- **Actividades de colaboración en la red**.- Aprovechamos los espacios compartidos para realizar actividades cooperativas entre alumnos con separación geográfica para resolver una determinada tarea. El maestro orienta y motiva, para al final evaluar el trabajo. **Kahoot!** es una plataforma de aprendizaje mixto basado en el juego, muy popular a partir de 2014, permitiendo a docentes y alumnos/as investigar, crear, colaborar y compartir conocimientos en red. Este intercambio debe ocurrir dentro del mismo Kahoot! o en las redes sociales como

Facebook, Twitter y Pinterest.

- **Los "Plan Lesson".-** Actividades de aprendizaje de corta duración a resolver por el alumnado mediante el uso de Internet o de cualquier otro recurso que ofrecen las T.I.C.

- **La caza del tesoro.-** Es una actividad didáctica que usa varias direcciones de Internet para resolver un conjunto de preguntas. Incluye una gran pregunta que requiere que los alumnos integren los conocimientos adquiridos durante el proceso.

- **Aplicaciones educativas con "Hot Potatoes".** Son herramientas interactivas muy útiles que diseña cada maestro/a, en las cuales se mezclan contenidos del área con otras a base de test, asociación de ideas, "sopas de letras", "crucigramas", etc. Hot Potatoes reúne a seis herramientas de autor, desarrollado por el equipo del University of Victoria CALL Laboratory Research and Development, que nos permiten elaborar ejercicios interactivos basados en páginas Web con seis tipos de herramientas básicas: JQUIZ, JBC, JMIX, JMATCH, JCROSS y JCLOZE.

- **"JCLIC".** Es un conjunto de aplicaciones de software libre. Con ellas se pueden realizar diversos tipos de actividades educativas: rompecabezas, asociaciones, ejercicios de texto, palabras cruzadas... Las actividades no se acostumbran a presentar solas, sino empaquetadas en proyectos. Un proyecto está formado por un conjunto de actividades y una o más secuencias, que indican el orden en que se han de mostrar (CNICE).

- **"Wikis".** Las "wikis" son una de las múltiples posibilidades que nos ofrece Internet. Resultan muy operativas a la hora de hacer trabajos en grupo, recopilación de datos, compartir resultados de una investigación, etc. También tenemos cada vez más experiencias en el sentido de usarlas conjuntamente con las familias para su atención personalizada.

En el curso 2006-07, la C. E. J. A. pone en funcionamiento nuevas herramientas para el sistema educativo andaluz. Se trata de la Plataforma Educativa "**Helvia**", el sitio Web "**Averroes**", la "Base Andaluza de Recursos Digitales" (BARTIC), Centro de Atención a Usuarios "**Pasen**" y "**And@red**".

La P. E. "**Helvia**" permite gestionar las noticias que el centro desee anunciar a la comunidad, agrupándolas y organizándolas. Por ejemplo, a la hora de dar a conocer los talleres deportivos, horarios, etc. Nos posibilita, igualmente, las llamadas "**tutorías electrónicas**" (O. 20/08/2010).

Averroes es de gran ayuda al profesorado porque permite actividades de tele formación, base de datos, foros, creación de redes virtuales de docentes, innovación educativa, etc.

La base **BARTIC** está compuesta por recursos educativos digitales, con objeto de disponer rápidamente de información sobre los procesos de enseñanza y aprendizaje. Es como un "banco" de materiales digitales accesible a cualquier ciudadano que desee descargarse experiencias educativas, juegos, contenidos, etc.

"**Pasen**" permite, a través de Internet, que las familias puedan conocer la evolución de sus hijas e hijos y comunicarse con el profesorado ("Tutorías electrónicas"). También se accede a la realización de trámites administrativos mediante la Secretaría Virtual.

"**And@red**" es el plan educativo para el impulso de la Sociedad del Conocimiento en Andalucía.

Todo ello viene gestionado por el Centro de Gestión Avanzado (C. G. A.), donde un equipo de profesionales que proporcionan asistencia técnica a los centros T.I.C.,
permite que el profesorado se dedique al desarrollo del proyecto educativo.

Igualmente hay otras iniciativas relacionadas con Internet y la escuela. Por ejemplo, la Base Andaluza de Recursos de Innovación Educativa (BARIE) o la plataforma Educanix.

No olvidemos que los medios de comunicación tradicional y multimedia tienen un enorme potencial como agentes de formación y socialización en el alumnado y comunidad educativa e inciden sobre la manera de percibir la realidad y de interactuar sobre ella (Cabero y Román -coords.-, 2006).

Hay que citar la O. de 02/09/2005, por la que se establecen los criterios y normas sobre homologación de materiales curriculares para uso en los Centros docentes de Andalucía. Deroga la O. de 21/03/1994. Sobre todo se refiere a material de tipo impreso. También al Decreto 72/2003, de 18 de marzo, sobre medidas de impulso de la sociedad del conocimiento.

Pero no sólo debemos comentar aquí lo relacionado con los ordenadores. Otro tipo de material multimedia también está accediendo a nuestras escuelas durante la primera década del siglo XXI. Por ejemplo, las PDA que nos permiten llevar la evaluación en el patio, las **pizarras** de pantalla táctil o las **tabletas** digitales que están revolucionando nuestra didáctica ya que se basan en el uso del **libro de texto electrónico** en sustitución del tradicional en papel.

Citamos ahora una serie de "**plataformas virtuales de aprendizaje**" muy actuales y que incluso permiten el aprendizaje de tipo cooperativo: Brainly; Moodle; Docsity; Educanetwork; Edmodo; Eduredes; Eduskopia; Misdeberes.es; Otra Educación; RedAlumnos; The Capsuled; etc.

Debemos destacar el Decreto 25/2007, de 6 de febrero, por el que se establecen medidas para el fomento, prevención de riesgos y la **seguridad** en el **uso de Internet** y las TIC por menores de edad.

Igualmente, el D. 328/2010, de 13 de julio, por el que se aprueba el Reglamento Orgánico de las escuelas infantiles de segundo grado, de los colegios de educación primaria, de los colegios de educación infantil y primaria, y de los centros públicos específicos de educación especial, BOJA nº 139, de 16/07/2010, recoge en su artículo 7, sobre las funciones y deberes del profesorado *"el conocimiento y la utilización de las tecnologías de la información y comunicación como herramienta habitual de trabajo en el aula"*.

- **Ambientales**.

Nos referirnos al término **ambiental** como los elementos que conforman el propio **centro** con sus instalaciones y su **entorno**, que puede contener elementos naturales tales como agua, césped, arena o artificiales, como barandas, columnas, gradas, vigas, etc., así como las propias variables físicas: sol, viento, etc. de las que nos podemos **aprovechar o no** en función del aprendizaje a tratar. Por ejemplo, el sol o el viento son **enemigos** de la iniciación a algunos deportes, como el voleibol o el bádminton. En cambio, el viento es imprescindible para la vela y el sol para juegos de "pisa-sombra".

Blández (2005), entre otros, nombran el *"ambiente de aprendizaje"*, es decir, el **entorno físico** como lugar del mismo. Concretamente, esta autora indica que los "ambientes de aprendizaje" son unos recursos didácticos consistentes en **acondicionar** determinados espacios con el único fin de propiciar situaciones en las que el aprendizaje surja de manera instintiva o espontánea. Es un planteamiento no directivo y que favorece la **creatividad** del alumnado al interaccionar libremente con el entorno, que será sugerente y **motivador** para que atraiga la atención.

Desde la perspectiva de la pedagogía no directiva, la **riqueza** del ambiente se convierte en el factor fundamental para **motivar** al alumnado y **guiarle** en el proceso de aprendizaje.

Cada espacio o cada equipamiento ayuda a determinadas tareas, por lo que el docente puede ir orientando el aprendizaje, centrando su atención en la organización del espacio y los materiales, encajando en lo que Denis (1980), citado por Blández (2005), denomina como *"pedagogía del ambiente"*. Éste nos viene determinado por la instalación arquitectónica, las condiciones básicas de luz, sonido y temperatura, así como la inclusión o separación entre grupos y personas. Por ejemplo, unas veces **facilita** las prácticas de relajación, pero otras **limita** la enseñanza de ciertas habilidades, por ejemplo un techo con tres metros de altura impide la correcta iniciación al voleibol o ventanas con cristales convencionales el uso de balones de cuero.

Para **construir** un área de juego o ambiente de aprendizaje, tendremos que organizar un espacio y unos materiales que inviten a ser utilizados para un fin concreto. Por ejemplo, si queremos provocar tareas de equilibrio, hay que presentar los elementos oportunos que la estimulen: zancos, caminos estrechos y elevados construidos con bancos suecos, etc.

A todos los recursos que hemos visto debemos sacarles el máximo **provecho**, por lo que nuestra intervención debe ser muy **funcional**, es decir, que los docentes del área estemos organizados de tal manera que no se dé el caso de necesitar los mismos recursos espaciales o materiales a la vez. La programación de aula de todos los grupos debe estar muy bien coordinada para evitar este tipo de hechos.

1.3. CARACTERÍSTICAS QUE HAN DE TENER EN FUNCIÓN DE LAS ACTIVIDADES FÍSICAS PARA LAS QUE SE HAN DE UTILIZAR.

Además de la O. de 02/09/05 antes citada, debemos señalar al R. D. 1537/2003, de 5 de diciembre, B.O.E. nº 295, de 10/12/2003, por el que se establecen los requisitos mínimos de los centros que imparten enseñanzas escolares de régimen general. Por su parte, nombramos al Acuerdo de 11 de octubre de 2005, del Consejo de Gobierno de la Junta de Andalucía, por el que se aprueba el Plan «Mejor Escuela». Incluye a infraestructuras y equipamientos deportivos

El R. D. 132/2010, de 12 de febrero, por el que se establecen los requisitos mínimos de los centros que impartan las enseñanzas del segundo ciclo de la educación infantil, la educación primaria y la educación secundaria, B.O.E. nº 62, de 12/03/2010. Para Primaria, indica que deberán contar con:

- Un **patio de recreo**, parcialmente cubierto, susceptible de **ser utilizado como pista polideportiva**, con una superficie adecuada al número de puestos escolares. En ningún caso será inferior 900 metros cuadrados.
- **Biblioteca**, con una superficie, como mínimo, de 45 metros cuadrados
- Un **gimnasio** con una superficie adecuada al número de puestos escolares.
- Todos los espacios en los que se desarrollen acciones docentes, así como la biblioteca, contarán con **acceso a las tecnologías de la información** y la comunicación en cantidad y calidad adecuadas al número de puestos escolares, garantizando la **accesibilidad**.
- Una **sala polivalente**, con una superficie adecuada al número de puestos escolares autorizados, que podrá compartimentarse con mamparas móviles.

Por otro lado tenemos que contemplar dos apartados muy ligados entre sí: la **organización** del material y los **criterios didácticos** a emplear.

a) **Organización del material.**

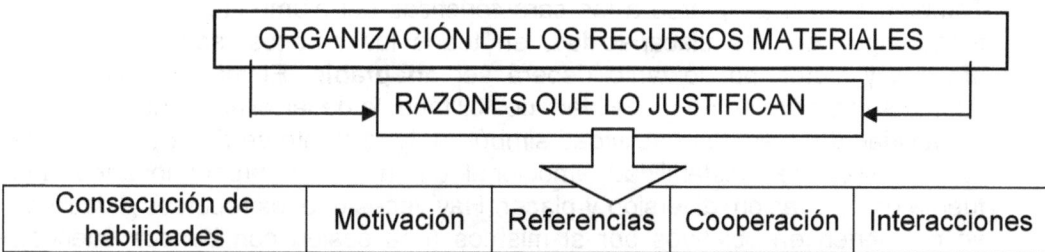

Como todos sabemos, la utilización y distribución del material, íntimamente relacionada con los otros factores, va a **condicionar** que la organización de la sesiones favorezca o dificulte el proceso de acondicionamiento-aprendizaje motor. Hay diversas razones que justifican la importancia de una buena y adecuada organización del material, entre otras destacamos a:

- Permite la **consecución de habilidades**, objetivos concretos, de cada actividad física o motriz en particular.

- Favorece la **motivación** en la realización de las tareas. Tanto si ésta exige o no el manejo de un móvil o la superación de algún obstáculo, es conveniente introducir material variado que incite a la acción. Formas originales, colores llamativos, funcionalidad, etc. favorecen el movimiento continuado y variado en niñas y niños.

- Establece **referencias** claras para la buena marcha de la sesión. Si se hace una distribución estable del material aprovechando el máximo de espacio disponible, el maestro o maestra puede controlar mejor la formación de los subgrupos y su evolución por las distintas zonas de trabajo.

- Los diversos elementos nos permiten establecer estrategias metodológicas basadas en la **cooperación**, además de la ayuda entre todos para los traslados de los móviles.

- Favorece la **interacción entre el profesor y el alumnado**, así como de los alumnos entre sí:

    o La colocación del material pesado es una labor conjunta que potencia la colaboración entre todos.

    o En tareas de conjunto en que el centro de atención es un objeto (por ejemplo un balón) la compenetración de los jugadores es fundamental.

    o En tareas individuales de cierta complejidad, es necesaria la ayuda de otros compañeros.

    o El buen trato y cuidado de todo material disponible es una labor de todos los participantes y expresa una valoración positiva del mismo (D. 328/2010).

b) **Criterios Didácticos**

Las características de los recursos están íntimamente ligadas a los criterios didácticos que debemos tener en cuenta a la hora de seleccionar el material. Ahora exponemos los más significativos, si bien tenemos que ser conscientes que en algunos centros será fundamental dar prioridad a unos para tener, incluso, que descartar a otros:

- **Adecuación a la sesión. Momento evolutivo del alumnado**. Es necesario que esté acorde con los objetivos que tengamos planteados para la sesión. También deberá adaptarse a las características del alumnado, incluso al que tenga algún tipo de discapacidad, en todos los ámbitos: social, cognitivo, afectivo y motor, por lo tanto deberá ser **adaptable**. El material tendrá en cuenta su percepción de globalidad, posibilitándole desarrollar la imaginación y creatividad a través de la actividad simbólica. Igualmente se debe adaptar a la característica de inestabilidad emocional de la Etapa, proporcionando una fuente de motivación, diversión y placer. Hay veces que los recursos didácticos se convierten en objetivos por sí mismos (una sesión con bancos suecos), cuando deben ser únicamente un medio al servicio de la consecución de los objetivos (Chinchilla y Zagalaz 2002).

- **Utilidad**. Nos referimos a unos recursos polivalentes, que sirvan para ayudarnos a desarrollar varias habilidades y no específico, que valga para una sola. Por ejemplo, los conos se prestan a saltarlos, transportarlos, construir caminos y obstáculos, etc.

- **Manejabilidad**. Debe ser un material ligero para que pueda ser manipulado sin trabas por niños y niñas de Primaria. Unas de las características que debe reunir es que sea móvil antes que fijo y desmontable antes que de una pieza, como las mini porterías de plástico.

- **Seguridad**. Todos los recursos materiales deben estar exentos de aristas, bordes cortantes, puntas, etc. También tendrán protectores, como los mini-tramp, y gomas en las patas, como los bancos suecos. De esta forma la manipulación no tendrá peligro. La "seguridad incorporada" indica que no es imprescindible la acción del docente para evitar accidentes asociados al recurso. Viene garantizada por los procesos de diseño y construcción del producto (AENOR, 1999). Por lo tanto, debemos prescindir radicalmente de aquellos materiales que puedan entrañar riesgo (Sierra, 2003).

Delgado y Tercedor (2002), por su parte, indican de forma muy detallada una serie de factores de seguridad e higiene a tener en cuenta. Por ejemplo, la ubicación de los espacios en entornos saludables, referente a la idoneidad de la superficie de los suelos (lisa, sin desniveles, con buen drenaje, etc.), relativo a las bandas de seguridad exteriores, sobre los anclajes de los equipamientos, en relación al acabado interior de paredes, radiadores y puertas, sobre iluminación, ventilación y altura de los techos, entre otros factores preventivos.

Estapé (2003), señala la seguridad activa (diseño y ubicación del recurso) y pasiva (el docente debe controlar la conservación de los recursos).

Roldán (2002), coordina la publicación "**Manual de seguridad en los centros educativos**", editada por la C.E.J.A. Indica una serie de pautas a seguir tendente a la protección en las instalaciones escolares. Por ejemplo, los anclajes de las porterías, la posible corrosión de los componentes metálicos, la comprobación del estado de las instalaciones a principios de curso, la homologación en todos los materiales por la normativa europea, la recogida de aguas en los pavimentos, etc.

- **Mantenimiento**. La conservación de los materiales a lo largo de un periodo de tiempo va a ser fundamental ya que, generalmente, los recursos económicos del centro para la adquisición de nuevos suelen ser bastantes limitados. Debemos procurarnos materiales que apenas necesiten mantenimiento. Por ejemplo, las colchonetas deber ser plastificadas y no de lona porque, además, son antihigiénicas. El D. 328/2010, de 13 de julio, por el que se aprueba el Reglamento Orgánico de los colegios de educación primaria, de los colegios de educación infantil y primaria, y de los centros públicos específicos de educación especial, BOJA nº 139, de 16/07/2010, indica en su artículo 2, "utilizar adecuadamente las instalaciones y el material didáctico, contribuyendo a su conservación y tratamiento".

- **Economía**. Dentro de unos límites de calidad, debemos adquirir material económico, teniendo en cuenta que muchas veces "lo barato resulta caro".

- **Calidad**. Ligado a la característica anterior. Siempre que sea posible, es mejor seleccionar un material de calidad contrastada, aunque sea más caro. Atención a los materiales nuevos sin experimentar, que en muchas ocasiones son conflictivos.

- **Estética**. Unos recursos de diseño agradable favorece su manejo y motivación, por ejemplo el globo-balón.

- **Almacenamiento**. Deben tener fácil recogida y almacenaje, por ejemplo, usar contenedores ("jaulas") para balones, aros portamacetas para colgar las cuerdas, etc.

- **Que no favorezca las actitudes sexistas**. El material debe proporcionar una mayor interrelación entre todos los aspectos formativos de niñas y niños y no reproducir y perpetuar rasgos sexistas en educación. Por ejemplo, huir de los tópicos del balón de fútbol para niños y cuerdas y elásticos para juegos de niñas.

Por su parte, Díaz (1996), indica que el tipo y cantidad de material que se **adquiera** para el centro debe permitir:

- La realización de todas las habilidades básicas y genéricas
- La delimitación del espacio, por ejemplo conos.
- La realización de ayudas, como cinturones, arneses, planos inclinados...
- La protección de los practicantes, por ejemplo cascos o rodilleras.
- La evaluación, como cronómetro o cinta métrica.

También Galera (1996), señala una serie de criterios para seleccionar los recursos materiales, de los que destacamos a:

- Polivalente, adaptable, manejable y seguro
- De bajo mantenimiento y coste, así como de calidad y estético

2. UTILIZACIÓN DE LOS RECURSOS DE LA COMUNIDAD.

Suele existir en muchas escuelas un problema con la falta de instalaciones deportivas adecuadas y que en otras ocasiones tienen uso limitado (Chinchilla y Zagalaz 2002). Por ejemplo, el ruido propio de la actividad motriz que molesta al resto del alumnado es un freno para realizar numerosos juegos. Una solución, si es **operativa**, pasa por el uso de los "*recursos de la comunidad*".

Entendemos a éstos como los medios que la **administración local** u otras ponen a disposición de los ciudadanos para su disfrute. Por ejemplo, parques, instalaciones recreativas y deportivas, espacios naturales, etc. y que en muchas ocasiones no usamos por falta de información. Pero no podemos dejar de mencionar a **otros recursos** que, no siendo espaciales como los ejemplos anteriores, son de gran importancia para nosotros. Por ejemplo, publicaciones y folletos sobre salud, actividades en el medio natural, cuadernos, manuales, Webs, etc. También debemos mencionar a recursos móviles con el "sello" del municipio o región autónoma y que suelen regalar a los centros docentes: balones, discos voladores, etc.

Distinguimos a dos grandes grupos según su origen:

- **Naturales**. Son los sistemas ecológicos, los organismos vivos, materiales geológicos, etc. En el área de Educación Física es muy corriente el uso del parque natural (no modificado aún por el humano) y natural-artificial (modificado).

- **Entorno socio-cultural**. Nos referimos a museos, monumentos, centros culturales, espectáculos deportivos, centros deportivos, estadios y polideportivos, exposiciones, encuentros deportivos, competiciones, carreras populares, concursos diversos, cursillos escolares de iniciación a la natación, al esquí, campañas tales como "bautismo náutico" o "jugueteando", etc., son elementos del entorno socio-cultural que los consideramos recursos didácticos.

Ahora señalamos otros dos grupos en función de su distancia desde nuestro centro:

- Recursos de la comunidad en el entorno **próximo** y **medio**.
- Recursos de la comunidad en el entorno **lejano**.

Dentro del **entorno próximo** tenemos que considerar las instalaciones propias de la escuela: S.U.M., patio, gimnasio, aula, etc. En ellas podemos, normalmente, realizar las actividades propias de nuestra Área: habilidad motriz, iniciación deportiva, expresión corporal, etc., aunque algunas veces resultan limitadas para dar respuesta a un diseño curricular óptimo.

En muchas ciudades y pueblos están, a una distancia prudencial, los polideportivos municipales, parques, piscinas, etc. que nos ofrecen multiplicar nuestra intervención didáctica, aunque tienen la desventaja del tiempo invertido en llegar, la incomodidad -y a veces el peligro- de la calle, entre otros aspectos. Por ello en numerosas ocasiones lo desechamos por falta de operatividad. En las grandes ciudades existen parques con varios itinerarios educativos.

Los **ayuntamientos** y **diputaciones** suelen tener **programas escolares**: semana cultural, salón del estudiante de primaria, semana del teatro y títere, escuela de salud, etc. También tienen programas concretos: acampadas, encuentros deportivos, etc. En otras ocasiones es la propia Consejería de Educación, sola o junto a otras, la que nos ofrece programas y actuaciones a las que nos podemos acoger, como "Aulas Viajeras", el Programa Educativo "El campo y el mar en la escuela andaluza. Lujita y los Calicertis"

No obstante, otras veces podemos organizar una visita y sacarle el máximo provecho a toda una mañana. Por ejemplo, acudir a una fábrica de aceite de oliva para saber su proceso de elaboración, los beneficios para la salud, su aportación a la dieta mediterránea en contraposición a las grasas animales, (bloque de Salud). Por lo tanto, las posibilidades son muchísimas dependiendo de lo que **ofrezca** nuestro entorno más **inmediato.**

Dentro del **entorno lejano** encuadramos a todo lo referente a la Naturaleza y sus posibilidades. En Andalucía destacamos las visitas al Parque Nacional de Doñana en Huelva y a los siguientes Parques Naturales:

- SEVILLA: Sierra Norte.
- CÁDIZ: Alcornocales; Bahía de Cádiz; Sierra de Grazalema; Acantilado y Pinar de Barbate; Parque Metropolitano Marisma de los Toruños y Pinar de la Algaida.
- HUELVA: Sierra de Aracena.
- CÓRDOBA: Sierra de Hornachuelos; Sub-Bética. Parque de Los Villares.
- GRANADA: Sierra Nevada; Sierra de Baza.
- MÁLAGA: Fuente de Piedra; El Torcal; Sierra de las Nieves y Montes de Málaga.
- JAÉN: Sierras de Cazorla-Segura-Las Villas.
- ALMERÍA: Cabo de Gata.

También hay que reconocer zonas protegidas y reservas naturales de gestión privada en Estepona y Benalmádena (Málaga), el C.R.A. en El Puerto de Santa María (Cádiz) y la Reserva de El Castillo de las Guardas (Sevilla), entre otros. Estas visitas lejanas, sobre todo para el alumnado de Primaria, requieren unos "extras" de tipo:

- Organizativo y económico, colaboración de la A.M.P.A. e, incluso, de otras entidades.
- Cubrir las sustituciones del profesorado que se desplace, las responsabilidades...

En los enclaves naturales existen diferentes programas que pueden adaptarse a nuestras necesidades: centros de visitantes, centros de recepción, aulas de la naturaleza, jardines botánicos, etc.

No obstante, cada año existen más ofertas de "**empresas de servicios** extra-escolares", que nos ofertan huertos escolares, colonias de vacaciones, aulas de la naturaleza, "semana blanca", etc. que organizan y se responsabilizan de todo.

Por otro lado, las visitas a los recursos de la comunidad son muy apropiadas para adquirir conocimientos de índole teórica-práctica-actitudinal de varias Áreas.

CONCLUSIONES

A lo largo del Tema hemos visto la importancia que tienen los recursos, o mediadores del proceso de enseñanza-aprendizaje en nuestra intervención educativa. Tanta es la variedad existente que se estudian a través de numerosas clasificaciones y sub-clasificaciones. Debemos destacar la importancia que tienen en los últimos años los llamados recursos alternativos. Raro es el curso que no surgen nuevas presentaciones y novedades, sobre todo en materiales plásticos. El poder motivador que tienen los recursos materiales, sobre todo los móviles, los hacen imprescindibles en nuestra acción educativa. No podemos olvidar los recursos espaciales propios, alquilados o cedidos, así como otras personas que en determinados momentos nos ayudan, como los monitores en el medio natural, entre otros muchos. También debemos mencionar la gran cantidad de recursos que nos ofrece la comunidad en el entorno mediato e inmediato.

BIBLIOGRAFÍA

- AENOR (1999). *Equipamiento deportivo*. AENOR N. A. Madrid.
- BERNAL, J. L. (2007). *Reducir, reciclar y Reutilizar*. Wanceulen. Sevilla.
- BLÁNDEZ, J. (2005). *La utilización del material y del espacio en Educación Física*. INDE. Barcelona.
- BLÁZQUEZ, D.; CAPLLONCH, M.; GONZÁLEZ, C.; LLEIXÁ, T.; (2010). *Didáctica de la Educación Física. Formación del profesorado*. Graó. Barcelona.
- CABERO, J. y ROMÁN, P. -coords.- (2006). *E-actividades*. MAD. Sevilla.
- CEBRIÁN, M. -coord.- (2009). *El impacto de las T.I.C.s en los centros educativos*. Síntesis. Madrid.
- CHINCHILLA, J. L. y MORENO, J. I. (2000). *Desarrollo curricular de la Educación Física en Primaria (2º Ciclo)*. Wanceulen. Sevilla.
- CHINCHILLA, J. L. y ZAGALAZ Mª L. (2002). *Didáctica de la Educación Física*. CCS. Madrid.
- DELGADO, M. y TERCEDOR, P. (2002). *Estrategias de intervención en educación para la salud desde la Educación Física*. INDE. Barcelona.
- DÍAZ, J. (1996). *Los recursos y materiales didácticos en Educación Física*. Apunts: Educación Física y Deportes, 43, 42-52. Barcelona.
- DÍAZ, J. (2005). *La evaluación formativa como instrumento de aprendizaje en Educación Física*. INDE. Barcelona.
- ESTAPÉ, E. (2003). *Aspectos preventivos y de seguridad en los espacios deportivos y el material*. En: Dimensión europea de la Educación Física y el Deporte en la edad escolar: Hacia un espacio europeo de la educación superior. AVAEF. Valladolid.
- FERNÁNDEZ TRUÁN, J. C. (1997). *Los Materiales Didácticos en Educación Física*. Wanceulen. Sevilla.

- GALERA, A. (1996). *Gestión del material en las instalaciones deportivas.* En *Gestión del Material y Mantenimiento de las instalaciones deportivas.* I.A. Deporte. Málaga.
- GIL, P. A. (2007). *Metodología didáctica de las actividades físicas y deportivas.* Wanceulen. Sevilla.
- GUTIÉRREZ-TOCA, M. (2004). *Juegos ecológicos con piedras y palos.* INDE. Barcelona.
- GUTIÉRREZ TOCA, M. (2010). *Juegos ecológicos con material alternativo... Recursos domésticos y del entorno escolar.* INDE. Barcelona.
- HERNÁNDEZ, M. (1994). *Colección Juegos y Deportes Alternativos.* Autoedición. Madrid.
- JARDÍ, C. y RIUS, J. (2004). *Mil ejercicios y juegos con material alternativo.* Paidotribo. Barcelona.
- JUNTA DE ANDALUCÍA (2007). Ley 17/2007, de 10 de diciembre, de Educación de Andalucía (L. E. A.). B. O. J. A. nº 252, de 26/12/07.
- JUNTA DE ANDALUCÍA (2007). Ley 17/2007, de 10 de diciembre, de Educación de Andalucía (L. E. A.). B. O. J. A. nº 252, de 26/12/07.
- JUNTA DE ANDALUCÍA (2015). *Decreto 97/2015, de 3 de marzo, por el que se establece la ordenación y las enseñanzas correspondientes a la Educación primaria en Andalucía.* B. O. J. A. nº 50, de 13/03/2015.
- JUNTA DE ANDALUCÍA. (2015). *Orden de 17 de marzo de 20015, por la que se desarrolla el currículo correspondiente a la Educación Primaria en Andalucía.* B. O. J. A. nº 60, de 27/03/2015.
- JUNTA DE ANDALUCÍA (1998). *Orden de 26 de junio de 1998, por la que regula la utilización de las instalaciones de los Centros Docentes públicos no Universitarios por los municipios y otras entidades públicas o privadas.* (BOJA nº 80, de 18/07/98).
- JUNTA DE ANDALUCÍA (1998). *Orden de 14 de julio de 1998, por la que se regulan las actividades complementarias y extraescolares y los servicios prestados por los Centros docentes públicos no universitarios.* B.O.J.A. nº 86, de 01/08/98.
- JUNTA DE ANDALUCÍA (1999). *Orden del 17 de febrero de 1999, por la que se regulan las ayudas a la realización de actividades complementarias y extraescolares en los Centros docentes públicos, a excepción de los de Adultos y Universitarios.* B.O.J.A. nº 33, de 18/03/99.
- JUNTA DE ANDALUCÍA (2003). *Decreto 72/2003, de 18 de marzo, sobre medidas de impulso de la sociedad del conocimiento.* B. O. J. A. nº 25, de 21 de marzo de 2003.
- JUNTA DE ANDALUCÍA (2005). *Orden de 2 de septiembre de 2005, por la que se establecen los criterios y normas sobre homologación de materiales curriculares para uso en los Centros docentes de Andalucía.* B. O. J. A. nº 193, de 03 de octubre de 2005. Deroga la Orden de 21 de marzo de 1994.
- JUNTA DE ANDALUCÍA (2005). *Orden de 28 de octubre de 2005, por la que se convocan proyectos educativos de centro para la incorporación de las tecnologías de la información y la comunicación a la educación (centros T.I.C.).*
- JUNTA DE ANDALUCÍA (2005). *Acuerdo de 11 de octubre de 2005, del Consejo de Gobierno, por el que se aprueba el Plan «Mejor Escuela».* B. O. J. A. nº 213, de 02/11/2005.
- JUNTA DE ANDALUCÍA (2007). *Acuerdo de 23/01/2007, del Consejo de Gobierno, por el que se aprueba el Plan de Lectura y de Bibliotecas Escolares en los Centros Educativos Públicos de Andalucía (Plan LYB).* B. O. J. A. nº 29 de 08/02/07.
- JUNTA DE ANDALUCÍA (2007). *Resolución de 10/04/2007, de la D. G. de Innovación Educativa y Formación del Profesorado, por la que se aprueban*

- Proyectos de Investigación Educativa y se conceden subvenciones. B. O. J. A. nº 87 de 04/05/2007.
- JUNTA DE ANDALUCÍA (2007). *Orden de 23 de octubre de 2007, por la que se modifica la de 20 de junio de 2007, por la que se establecen las bases reguladoras de las ayudas para la elaboración de materiales curriculares y para el desarrollo de actividades de formación y de investigación educativa dirigidas al profesorado de los centros docentes sostenidos con fondos públicos, a excepción de los universitarios.* B. O. J. A. nº 223, de 13/11/2007.
- JUNTA DE ANDALUCÍA (2007). *Decreto 25/2007, de 6 de febrero, por el que se establecen medidas para el fomento, la prevención de riesgos y la seguridad en el uso de Internet y las tecnologías de la información y la comunicación (TIC) por parte de las personas menores de edad.* BOJA nº 39, de 27/02/2007.
- JUNTA DE ANDALUCÍA (2008). *Orden de 25 de Julio de 2008, por la que se regula la atención a la diversidad del alumnado que cursa la educación básica en centros docentes públicos de Andalucía.* BOJA nº 167, de 22/08/2008.
- JUNTA DE ANDALUCÍA. (2010). *Decreto 285/2010, de 11 de mayo, por el que se regula el Sistema de Información Séneca y se establece su utilización para la gestión del sistema educativo andaluz.* BOJA nº 101 de 26/05/2010.
- JUNTA DE ANDALUCÍA (2010). *Orden de 03 agosto de 2010, por la que se regulan los servicios complementarios de la enseñanza de aula matinal, comedor escolar y actividades extraescolares en los centros docentes públicos, así como la ampliación de horario.* BOJA núm. 158 de 12/08/2010.
- JUNTA DE ANDALUCÍA (2010). *Decreto 328/2010, de 13 de julio, por el que se aprueba el Reglamento Orgánico de las escuelas infantiles de segundo grado, de los colegios de educación primaria, de los colegios de educación infantil y primaria, y de los centros públicos específicos de educación especial.* BOJA nº 139, de 16/07/2010.
- JUNTA DE ANDALUCÍA (2010). *Orden de 20 de agosto de 2010, por la que se regula la organización y el funcionamiento de las escuelas infantiles de segundo ciclo, de los colegios de educación primaria, de los colegios de educación infantil y primaria, y de los centros públicos específicos de educación especial, así como el horario de los centros, del alumnado y del profesorado.* BOJA nº 169, de 30/08/2010.
- LERMA, I. (2006). *Conoce tu localidad. Aplicación de una Webquest.* Andalucía Educativa, nº 56, pp. 43-45. Junta de Andalucía. Sevilla.
- M. E. C. (2003). *R. D. 1.537/2003, de 5 de diciembre, por el que se establecen los requisitos mínimos de los centros que impartan enseñanzas escolares de régimen general.* B.O.E. nº 295, de 10-12-2003.
- M. E. C. (2006). *Ley Orgánica 2/2006, de 3 de mayo, de Educación (L. O. E.).* B. O. E. nº 106, de 04/05/2006, modificada por la LOMCE/2013.
- M. E. C. (2010). *Real Decreto 132/2010, de 12 de febrero, por el que se establecen los requisitos mínimos de los centros que impartan las enseñanzas del segundo ciclo de la educación infantil, la educación primaria y la educación secundaria.* B.O.E. nº 62, de 12/03/2010.
- M. E. C. (2013). *Ley Orgánica 8/2013, de 9 de diciembre, para la mejora de la calidad educativa. (LOMCE).* B. O. E. nº 295, de 10/12/2013.
- M. E. C. (2014). *Real Decreto 126/2014, de 28 de febrero, por el que se establece el currículo básico de la Educación Primaria.* B. O. E. nº 52, de 01/03/2014.
- M.E.C. (2015). *Orden ECD/65/2015, de 21 de enero, por la que se describen las relaciones entre las competencias, los contenidos y los criterios de evaluación de la educación primaria, la educación secundaria obligatoria y el bachillerato.* B.O.E. nº 25, de 29/01/2015.
- ORTÍ, J. (2004). *La animación deportiva, el juego y los deportes alternativos.* INDE. Barcelona.

- PONCE, A. y GARGALLO, E. -coords.- (2003). *Reciclo, construyo, juego y me divierto.* CCS. Madrid.
- POSADA, F. (2000). *Ideas prácticas para la enseñanza de la Educación Física.* Agonos. Lérida.
- RIVADENEYRA, M. L. -Coord.- (2004). *Desarrollo de la motricidad.* Wanceulen. Sevilla.
- ROLDÁN, C. (2002) (Coord.). *Manual de seguridad en los centros educativos.* C. E. J. A. Sevilla.
- SÁENZ-LÓPEZ, P. (2002). *La Educación Física y su Didáctica.* Wanceulen. Sevilla.
- SANCHO, J. Mª. (2006). *Tecnologías para transformar la educación.* Akal. Madrid.
- SICILIA, A. y DELGADO, M. A. (2002). Educación Física y estilos de enseñanza. INDE. Barcelona.
- SIERRA, A. (2003). *Actividad física y salud en Primaria.* Wanceulen. Sevilla.
- TIMÓN, L. M. y HORMIGO, F. (2010). *La construcción de materiales en Educación Física.* Wanceulen. Sevilla.
- VELÁZQUEZ, A. y MARTÍNEZ, A. (2005). *Desarrollo de habilidades a través de materiales alternativos.* Wanceulen. Sevilla.
- VELÁZQUEZ CALLADO, C. (1996). *Actividades prácticas en Educación Física. Cómo utilizar materiales de desecho.* Escuela Española. Madrid.
- VV.AA. (1993 a). *La Educación Física en Primaria. Reforma.* Paidotribo. Barcelona.
- VV.AA. (1993 b). *Fundamentos de Educación Física para Enseñanza Primaria.* INDE. Barcelona.
- VV.AA. (1996). *Construcción de Material Didáctico en Educación Física.* Dpto. de Expresión Musical, Plástica, Corporal y sus Didácticas. U. de Huelva.
- ZAPICO, J. (1993). *Recursos didácticos de la Educación Física en la Educación Primaria.* Jornadas de Actualización. U. de Huelva.
- ZAGALAZ, Mª L.; CACHÓN, J.; LARA, A. (2014). *Fundamentos de la programación de Educación Física en Primaria.* Síntesis. Madrid.

WEBGRAFÍA (Consulta en octubre de 2015).

http://www.agrega2.es
http://recursos.cnice.mec.es/edfisica/
http://www.ite.educacion.es/es/recursos
http://www.educarm.es/admin/recursosEducativos#nogo
http://www.juntadeandalucia.es/averroes/
http://www.gobiernodecanarias.org/educacion/webdgoie/
http://www.educarex.es/web/guest/apoyo-a-la-docencia
http://www.catedu.es/webcatedu/index.php/recursosdidacticos
http://www.educa2.madrid.org/educamadrid/servicios
http://www.educa.jccm.es/educa-jccm/cm/recursos
http://www.educa.jcyl.es/profesorado/es/recursos-aula
www.juntadeandalucia.es/educacion/descargasrecursos/curriculo-primaria/index.html
http://www.educastur.es
http://www.guiaderecursos.com/webseducativas.php
http://www.adideandalucia.es
http://recursostic.educacion.es/primaria/ludos/web/index.html

www.ingramcontent.com/pod-product-compliance
Lightning Source LLC
Chambersburg PA
CBHW080256170426
43192CB00014BA/2686